# 台灣歷史圖說

史前至一九四五年

中央研究院台灣史研究所籌備處特刊

原贊助單位 財團法人霖英文化教育基金會

# 劉序

　　如果有人問，中國第一大河流是什麼？發源地在那裏？經過那幾省？人人必定對答如流。但是問起台灣第一大河流在何處？它的發源地在那裏？恐怕就很少人知道了！什麼是北西班牙、南荷蘭？恐怕是更無人知曉了。台灣出了幾個為後代稱頌的名人，如連橫、丘念台、林獻堂，他們都是台灣人，但是台灣人對這些人了解不多。他們有何輝煌的歷史成就？他們生於那裏？長於那裏？治學方法如何？對世界、對本土有何貢獻，後代的人如何學他們，本土歷史上記載不多。這些都是台灣本土性、歷史性人文、地理所缺乏的。

　　本基金會基於企業者回饋社會、善盡社會責任的微忱，於民國八十二年四月創立「財團法人霖英文化教育基金會」。以獎助文教事業、藝術事業為職志，以捐助政府或文教機構有關教育、文化、學術、育樂等計劃為主要業務，編列贊助台灣本土性、歷史性之文物研究工作及出版有關刊物事宜經費共陸拾萬元。工作開展之初，為求品質水準之提升，冒昧求助、就教於中央研究院院長李遠哲博士。

　　李院長遠哲博士是位國際上最受尊崇的學者之一，從事自然科學研究，享譽國際社會多年，貢獻至鉅。他關懷家鄉，以諾貝爾獎得主之尊回國奮鬥，傾其所學主持中央研究院。真可謂「國家之幸、萬民之福」。

　　本基金會幸蒙李院長熱心關照賜助，委由中央研究院台灣史研究所黃主任富三先生與本基金會連繫及協商。黃主任認為本會之構思與李院長的理念極為吻合，乃積極規劃出版台灣歷史圖文集，交由該處助研究員周婉

窈博士編撰《台灣歷史圖説（史前至一九四五年）》一書。此書的出版必能有助於台灣鄉土的研究，更能基於鄉土的認知，讓台灣全體人民深刻體認祖先經營台灣的辛勞與艱苦，進而能以感恩之心，自動自發，繼往開來，愛護台灣，發展台灣。

藉本書出版之際，將經過敍説，一方面感謝李院長遠哲博士的賜助，另一方面感謝黃主任富三先生的規劃與周婉窈博士的編撰，並企盼本書的出版能達到拋磚引玉之效，謹以此為序。

財團法人霖英文化教育基金會
董事長

劉家霖　　謹誌

八十六年九月

# 黃序

　　文化固然要創新、革新，但也要傳佈，方能使同時代的人能迅速、便利地共享成果。近十年來，台灣史研究已蔚成風氣，成果亦甚為豐碩，而由於本土熱之興盛，社會上對台灣史知識的需求亦甚為殷切，如何將學術成果與大眾需求相結合是學院內學者的重要課題之一。

　　中央研究院雖為純學術研究機構，但亦不能完全無視社會責任，自閉於象牙塔內。是以李院長就任以來，除重視學術研究水準之提升外，亦呼籲學術走入社會以造福全民。

　　一九九四年財團法人霖英文化教育基金會鑑於台灣歷史知識普及化之重要性，有意編寫影像與文字並重之作品，求教於李院長，李院長荐舉本所協助。本人有感於董事長劉家霖先生等人之熱忱，應允協助。惟因台灣影像資料絕大部分始自日治時期，而此非本人之專長，乃力荐本處助研究員周婉窈博士出任編寫重責。周博士乃在研究餘暇，展開搜集資料與編寫工作，經前後三年之努力，終告大功告成。

　　綜觀全書，可發現周博士投注甚多心力於編寫工作上。本書不但圖片豐富，而且文字優美、內容充實而富趣味性，幾百年的台灣歷史生動地跳躍於讀者眼前。深信本書之出版將是高深學術大眾化之佳例，對學術界、出版界、社會各界將有強大的鼓舞作用。

　　付梓前夕，草此數語為作者賀，為基金會賀，並感謝他們為台灣史知識普及化所做的奉獻。

中研院台史所主任

黃富三　序於南港

一九九七年九月二十五日

# 謝辭 并再版說明

　　《台灣歷史圖說》一書出版後，承蒙讀者的愛顧，很快就售罄。再版改由聯經出版公司印行，冀能廣其流通。據稱有學校採用此書為「教科書」，這是作者萬萬想不到的事。由於原先是當作一本有可讀性的通論來寫，幾個主題自成系統，但非面面俱到，此點希望讀者能夠了解。

　　一本書從無到有，是眾人協助的結果。參與此書製作過程的有李國生、郭祐孟、彭裕峰、莊明興、蔡宗憲等先生，與李純菁小姐。提供圖片或同意轉用的個人與單位，有劉益昌教授、王淑津小姐、賴志彰先生、鄧相揚先生、張月華女士、簡傳枝先生、南天書局、遠流出版公司、春帆樓、金廣福文教基金會、中央研究院歷史語言研究所，以及本所古文書室。國家圖書館台灣分館、國立台灣大學圖書館特藏組、國立台灣大學法學院圖書分館，惠允翻拍藏書之圖片。謹此表達深謝之意。林雪兒小姐與謝吉松先生為本書作美編，並繪製圖表。由於他們的協助，我的許多構想得以實現，這也是我要感謝的。

　　在本書的撰寫過程中，曹永和、施添福、陳秋坤、劉益昌、王泰升、詹素娟、翁佳音等教授，或披閱文稿，或提供意見，提高本書水平，這是我衷心感激的。不過，此書若有錯誤，責任還是在我。囿於個人識見，疏漏舛誤之處諒必不少，惟祈高明賜正。於此，須附帶一提的是，本書章末所附參考資料，違反常例，以出版先後為序，意在呈現相關研究的進展。不過，少數作品寫作與出版年代不一致，尚請讀者注意。

　　此書初版係在霖英文化教育基金會的贊助下完成的，謹此再申謝意。我也要感謝聯經出版公司積極促成再版之事。最後，感謝本所黃主任與全體同仁的支持與敦勵。如果這本小書能有益於台灣史知識的普及，或稍可不負本所委以此任的用意。

周婉窈　謹誌
一九九八年七月
於南港芬陀利室

# 圖片目次

# 圖表目次

# 目次

第一章

# 誰的歷史？

台灣自從解嚴以來，政治與社會發生很大的變化。這些變化，好壞參雜，讓人眼花撩亂，看不出未來的走向。人們似乎把這段時日當成過渡期──但過渡到哪裡呢？一個有合理公共秩序與安全、人民能安居樂業的社會，還是更混亂、更功利取向的社會？沒有人能真正回答這個問題。

無論如何，在劇變的時代，有些現象著實令人歡欣，例如：人們不再害怕因為或真或假的思想問題而被抓起來、不再恥於講母語、各個族群不再被迫忘記他們的過去、歷史不再只能有官訂的版本、兒童也有機會透過教育認識他們的鄉土、弱勢團體逐漸受到重視……。

似乎這是個新時代。新的時代要求新的歷史；新的族群關係要求新的族群史。如果歷史工作者的職責不只是做研究，也包括歷史寫作的話，那麼在各個族群從歷史的幽暗角落走出來，要求走入歷史時，歷史工作者將如何撰寫一部照顧到每個族群的台灣史呢？這不只是台灣歷史工作者所面臨的重大挑戰；在深受族群問題衝擊或困擾的當代社會，這是個世界性的問題。例如，號稱民族大熔爐的美國，在族群關係大大改觀的今天，已經無法以歐裔男性白人為中心而撰寫美國通史了。但是，滿足各個族群意識的新美國通史，在撰寫上可能嗎？同樣的，新的台灣歷史，在撰

這張泰雅族太魯閣少女的像片出現在一九三一年的《日本地理風俗大系》，也許由於少女是美麗的，這張圖片屢為人採用。右下角的女性是曾珠如小姐，她是霧峰林獻堂先生的媳婦，出身名門。這是她在一九三〇年代早期以會員身份在「一新會」舉辦的書畫展覽會場拍攝的。這兩位美女，雖然存在於同個時代，卻活在兩個世界。她們毋庸說互不相識，族群、語言、文化、風俗，在她們之間造成天河般的距離。在「思」的層次，她們甚且無法「想像」彼此的存在。雖然活在同個時代、同樣身為女性，卻再也陌生不過了。在今天，由於種種現代機制（如教育、媒體、資訊等），社會愈來愈「同質化」，人們的經驗日趨一致，比較能想像彼此是活在同個時間之流裡。這是現代社會的特性，也是我們要了解過去所必得儘量避免的假定。另一方面，要講族群融合，人們的歷史意識必須處於敞開狀態，讓「非我族類」的過去納入集體的記憶中。閉鎖的歷史記憶，是族群融合的障礙。

**1.1 泰雅族美女**
來源：仲摩照久編 1931

**1.2 曾珠如女士**
來源：賴志彰編撰 1989

寫上，可能嗎？

　　也許可能，但相當不容易。拿最明顯的歷史分期來說，目前普遍看到的是，把清朝統治前的歷史時代分為「荷蘭時代」與「明鄭時代」。這樣的分期，是經不起質疑的。「明鄭時代」當然是站在漢人立場的歷史分期，對於鄭氏政權所統治不到的原住民而言，這樣的分期，不近真實。「荷蘭時代」的說法，不能說是站在漢人的立場——因為在那個時候，漢人人口尚少，受到荷蘭東印度公司統轄的絕大部份是原住民。那麼，「荷蘭時代」的分期，符合歷史實際嗎？答案也是否定的。我們知道荷蘭東印度公司統轄的地方以台灣南部為主，雖然其勢力或「教化」不以此為限，零星及於北部若干據點與卑南一帶，但對中、北部與中央山脈以東的大部分原住民而言，荷蘭東印度公司的存在是鮮少相關的。當我們說「荷蘭時代」時，不是把荷蘭統轄所不及的「地」與「人」都籠統包括在內嗎？對這種武斷的歷史分期，我們大可問道：這是誰的歷史？

　　其實，今天我們面臨的不只是「誰的歷史」的問題，而是更為深沈的挑戰。也就是以地理空間定義歷史所產生的難題。所謂「以地理空間定義歷史」，意指什麼？首先，我們必須了解到，我們所屬的時代是一個民族國家主義(nationalism)興盛的時代，組成世界

的單位是國家——雖然未必是民族國家(nation-state)，不是帝國，或部落。在民族國家主義的命題之下，帝國注定要瓦解，部落則非建國不行。國家不是存在於概念中，它有明確而「神聖不可侵犯」的疆域——如果不明確，或遭到侵犯，都將導致嚴重的衝突，甚至引發戰爭。

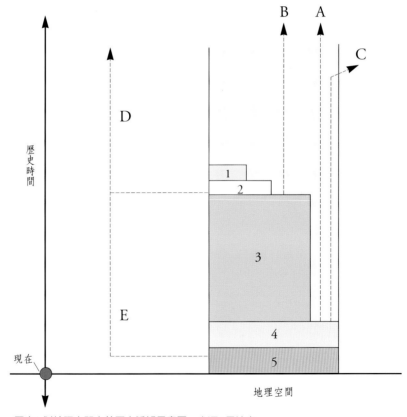

**圖表1 以地理空間定義歷史脈絡示意圖** 來源：周婉窈

1.□荷蘭東印度公司時代　　4.□日本統治時代　　A,B,C,D,E 代表族群之選樣
2.□明鄭時代　　　　　　　5.▨國民黨政府時代　　- - -▶ 代表歷史脈絡
3.□清朝統治時代

　　台灣無法自外於這個世界性的潮流，近年來最困擾台灣社會的是國家認同問題，以及環繞在這個問題上所產生的統獨之爭。我們無意捲入這個紛爭，不過，作爲歷史工作者，很難不受到影響。不論贊成統一、獨立，或不中不台，我們的社會已逐漸發展出以台灣爲主體的思考方式與觀念。這是現代生活很實際的問題，不管您喜歡不喜歡，以國家爲單位的現代社會建立了以國家爲疆界的各種制度與組織。現在的台灣，雖然處在國與非國之間，它的內部的許多制度、組織，在在劃定了台灣作爲一個政治實體的疆界。就拿錢幣來講，台幣的發行與使用的範圍，大約不出我們的政治邊界。護照、簽證與海關，毋庸說，具有再確定不過的界定力量了。一個國家，或一個希冀成爲國家的社會，需要「自己」的歷史。在強調地區特色的當前社會，即使主張統一的人們，也無形中大多以台灣爲其「思考單位」。就如香港，雖然回歸中國，但在可預見的將來，大多數的香港人應該還是會以香港爲「思考範疇」的。

　　我們無意在這裡做任何政治主張，我們的目的只是要指出，台灣目前的境況對歷史研究造成很大的衝擊與挑戰。此外，我們也試圖從比較普遍的角度來看台灣的問題。以地理空間來回溯一個社群或「國族」的共同歷史，是近代社會普遍的現象。例如，領導印

尼獨立建國的蘇卡諾總統，為了號召民族團結，據稱
經常說：「我們印尼過去被荷蘭統治了四百年……。」
雖然今天印尼的國界大致符合荷蘭殖民地的範圍，但
究實而言，荷蘭從未有效統治印尼「全土」四百年，
十七世紀初期，荷蘭東印度公司充其量不過統治了今
天雅加達附近的地區，即使到一九四二年，也不是所
有今天的印尼國土都在荷蘭有效統治下。在台灣，我
們看到同樣的現象。所謂的「台灣四百年史」，何嘗
不是後溯的（男性）漢人觀點？

　　未來的台灣史寫作，將如何處理族群與歷史單位
的問題呢？我們不知道。這本小書，是在這種漫無頭
緒的情況下，試圖提出幾個台灣史的面向與議題，供
讀者參考。我們無意寫一部系統化的通史——目前的
研究成果尚不允許我們作此嘗試。據預測，二十一世
紀是網路與影像的世界。這本書，圖像的分量多於文
字本身，目的無非是想在圖片意象充斥的現代社會，
為台灣歷史爭取一點生存的空間。但願讀者看完這本
書，就算記不得細節，腦子裡還留有一些圖影印象。

第二章

# 史前時代的台灣

台灣在進入歷史時代以前，有許多人群在這個島嶼活動過。所謂「歷史時代」，一般指有文字記錄的時代，這在台灣本島大約始於十七世紀（澎湖更早，始於中國宋代）。但這個島嶼，在「遠古」時代，就有人類居住。這些早期的「台灣人」出現的年代，最遠的可追溯到三至五萬年前。他們活動的時間或相同，或間隔千百年；活動的空間或重疊，或相隔數百里。他們在這塊土地上，留下了不少的活動痕跡。如果有幸被考古學家發現，這些遺跡或許還能被指定爲考古「遺址」，供我們觀看、憑弔。

「四百年」相對於五萬年，何其微不足道！然而，我們一般人的思考的「時間縱深」，往往相當淺，在日常生活中，能想到自己年歲以外的年代，似乎不多。如果我們還相信歷史知識能增加當代人的思考深度的話，那麼了解台灣的史前歷史，不能說沒有絲毫意義了。

要說明台灣的史前歷史，不能不略說一下地球上人類早期的活動情況。「現代人」（Homo sapiens）在地球的生物史上出現很晚，學者一般認爲大約在距今十萬年前（或早自二十五萬年前）出現於非洲。目前引起許多小孩遐想、幻想、著迷的恐龍，出現更早——兩億二千八百萬年至六千五百萬年前，連我們最原始的祖先都無緣與之照面，以此，我們當能了解，

人類的歷史比起生物的歷史，又何其微不足道！在遠古時代，我們不是地球上唯一的「人類」，例如尼安得塔爾人（Neanderthals）可能出現更早，在某些地區，他們與現代人同時存在。但在距今大約三萬年前，現代人已經遍佈地球各大洲，取代其他的人類，最後成為地球上唯一的「人類」。我們不確知為何只有我們這種「人」留下來，這還有待科學家來解答。

**圖表 2 米崙亞冰期古地理圖**
（冰河時期台灣與亞洲大陸相連狀態）
來源：宋文薰 1981（重繪）

在這裡，我們也必須了解到，人類出現的時候正值冰期，冰期距今二百萬年（或一百六十萬年）至一萬年前。在冰期，氣溫不定，「冰河期」與「間冰期」以十數萬年到數十萬年的間隔輪替。在冰河期，因為地球大面積結冰的關係，海平面比今天低很多，今天各大陸與其鄰近的島嶼往往連接在一起，例如台灣、日本都與東亞大陸連成一塊。這一知識至為重要，關係到我們對台灣史前歷史的了

解。在距今約一萬八千年至一萬年前，地球最近的一個冰河期（第四冰河期）結束，氣溫逐漸上升，海平面隨之逐漸上升，地理景觀發生激烈的變化，《詩經》說：「高岸爲谷，深谷爲陵」，眞可用來描述地貌的大變化。考古學家指出，台灣在三萬至五萬年前有人類活動的遺跡，那時候正值第四冰河期，台灣海峽還是陸地，人與動物可從亞洲大陸直接走過來。

從右表，我們可以看出：從舊石器時代、新石器時代（早期、中期、晚期）到金屬器時代，台灣各地有過各式各樣的史前文化。首先，需要說明的是，史前文化的名稱，一般以發現該文化之最初遺址的現地名命名。例如，圓山文化最初發現於今天的圓山，大坌坑文化於台北縣八里鄉大坌坑發現，河姆渡文化則在浙江餘姚河姆渡發現。讀者須知，「遺址」只是某個特定文化的發現地點（site），它所呈現的文化自有其或廣或狹的空間分布。另外，由於不同時期的人類很可能在同一地區活動，因此他們可能在同一地點「層累造成地」留下不同層位遺跡，例如圓山遺址的下文化層是大坌坑文化，大坌坑遺址的上文化層則爲圓山文化。

目前發現的台灣最早的史前文化是長濱文化與網形文化，出現時間在台灣尙與大陸相連時，一般認爲與大陸系統的舊石器時代的文化有關。但是接下來的

**圖表3 台灣地區史前文化的時空架構** 來源：劉益昌 1996

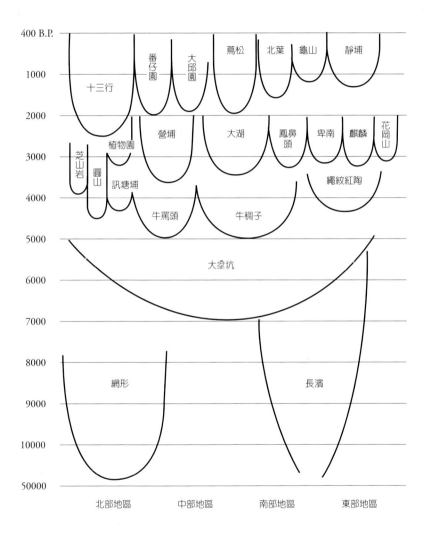

新石器時代的文化，可能不是由長濱文化演變而來
的，而是在台灣成為島嶼後，由中國華南或東南亞相
繼移入的。

新石器時代早期的大坌坑文化分布全島。大坌坑
文化的範圍很廣，不限於台灣，包括大陸東南沿海的
閩南、廣東二地，與大陸的河姆渡文化可能有互動關
係。大坌坑文化之後的文化，有些是後來移入的，如
圓山文化，有些則是在大坌坑文化的基礎上繼續演化
發展的，如牛罵頭、牛稠子文化。

台灣史前文化的遺址已發現有一千五、六百處，

一輛20世紀的汽車停在這兩層廢墟上，隨手拋下廢棄物。

後來同一地點另建村落，多年後又遭毀棄，埋入塵土中。

曠野中有座村落，多年後，村毀屋倒，廢墟深埋地下。

**圖表4 遺址與文化層的形成過程**　來源：陳玉美 1984 （重繪）

重要的遺址也有百餘處。限於篇幅，我們在這裡選擇
介紹圓山遺址與十三行遺址。圓山遺址是最早發現的
遺址之一，此一發現確定了台灣史前石器時代的存
在，並帶動台灣考古學的研究與發展。圓山遺址是在
日本統治台灣不久後（一八九七年）發現的，以「圓
山貝塚」為世所知。稱為貝塚，是因為遺址由大量的

**圖表5 中國新石器時代中期文化互動關係圖**　來源：Kwang-chih Chang 1986；劉益昌 1992（重繪）

6000 B.P.

紅山文化

土珠文化

仰韶文化

大汶口文化

馬家濱文化

大溪文化

河姆渡文化

大坌坑文化

蜆與少數的蠔、螺等貝殼堆積而成，是當時人食用後
丟棄而成的「垃圾堆」。圓山文化的貝塚不止一處，
最大的一處是全台灣規模最大的貝塚，內含豐富的文
物，也有墓葬的遺跡。另外，在圓山遺址也發現了大
型的「砥石」，是當時人用來磨製工具的石頭。圓山
砥石曾被認爲是世界上最大的砥石。在日本統治時
代，圓山遺址雖經不斷的調查，但正式的開坑挖掘在
光復後，由台灣大學考古人類學系於一九五三年與一
九五四年執行，成果斐然，不惟確定了圓山文化的年
代，也發現該遺址存在著不同的文化層，其下爲大坌
坑文化。

　　考古遺址的保存很不容易。圓山遺址發現不久，
一座禪寺就蓋在貝塚堆積最厚的地方，隨著該禪寺的
擴建，貝塚一再遭到破壞。爲了保護圓山遺址，一九
二三年台北帝國大學醫學博士宮原敦自資爲砥石蓋了
一座保護亭，並買下部分的土地權。他將兩者都捐贈
給台北市作爲永久保管。一九三五年圓山貝塚與砥石
被台灣總督府指定爲史蹟。台灣光復後，保護亭與砥
石雖存在了一段時間，最後卻消失得無影無蹤。遺址
保存最大的剋星是工程建設，圓山遺址之上先後蓋過
圓山動物園、兒童樂園，外圍更是不斷蓋樓房、開闢
道路，遺址遭破壞殆盡。圓山貝塚的發現，距今剛好
滿一百年，但由於缺乏良善的保護措施，今天可說

2.1 台北市立兒童
　　育樂中心
　　彭裕峰 拍攝

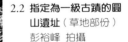

2.2 指定為一級古蹟的圓
　　山遺址（草地部份）
　　彭裕峰 拍攝

2.3 鐵絲網裡依稀可見的貝塚　彭裕峰 拍攝

「憑弔無門」了。現在被指定為一級古蹟的圓山遺址，侷限在台北市立兒童育樂中心的一隅，雜草叢生，未受到應有的注意。

　　另一個被工程毀壞的遺址是十三行遺址。十三行遺址在台北縣八里鄉，它所代表的文化屬於金屬器時代，約在距今一千八百年開始，約於八百年前結束。（十三行文化整體來說，約始於二千三百年，終於四百年前，也就是漢人入台之際。）十三行遺址出土的鐵渣、礦石、煤等，顯示這個文化的主人已經知道煉鐵。考古學家在十三行遺址中發掘出煉鐵作坊，證實了煉鐵是在聚落內進行的。十三行遺址的內容豐富，讓我們對這個文化有親切的了解，例如，我們知道他們以農業為主，漁獵也相當發達，他們的埋葬方式是側身屈肢。出土的骨骸有受傷致死者與無頭葬，大約是戰爭之故，或有獵人頭之俗。值得注意的是，十三行文化的商業十分活絡，與東南亞、唐宋元的中國都有來往。在本島，與沿岸地區頗有接觸，東到花蓮，中部及於大甲。可惜，寶貴的十三行遺址在興建污水處理廠的工程下，遭受嚴重的破壞，雖經學者奔走搶救，終是一場徒然。現在被指定為二級古蹟的十三行遺址只是原址的百分之五！我們是這塊土地上最輓近的主人，歷史淺短到不足道。是無知，還是傲慢，使我們如此不顧惜前人的足跡？

2.4 十三行遺址發掘現況　劉益昌 提供

2.5 十三行遺址出土的屈肢葬　劉益昌 提供

　　讀者或會問：這些史前文化的主人是誰？他們與今天居住於台灣的人群有何關係？由於史前文化沒有文字，缺乏語言資料，不是很容易判斷其族群類別。根據考古學家的研究，舊石器時代的長濱人可能在與大陸分離後，孤立地在台灣島嶼活動，他們的文化在距今約五千年前消失，至於人種是否融入後來的人群，則不得而知。大坌坑文化與圓山文化的主人，到底與今天台灣的原住民有什麼關係，是很難確定的。台灣各個土著族群的祖型文化大致在金屬器時代出現；一般認為十三行文化晚期的主人很可能是居住在台北盆地的凱達格蘭族。果如此，我們倒要感慨：凱達格蘭雖然成了台北市的一條大道的名稱，讓人朗朗上口，但可能是凱達格蘭族重要的遺址卻一去不復返！

2.6 十三行遺址全景
劉益昌 提供

2.7 **十三行遺址現況**。（建築物為污水處理廠，草地部分為現存十三行遺址。）
彭裕峰 拍攝

---

**基本參考資料**

林朝棨，〈台灣凱達格蘭族之鑛業〉，《台灣鑛業》第十七卷第二、三期（1965年11月），頁37-57。

Kwang-chih Chang, *Fengpitou, Tapengkeng, and the Prehistory of Taiwan* (New Haven: Yale University press, 1969).

宋文薰，〈史前時期的台灣〉，收在曹永和、黃富三編，《台灣史論叢》第一輯（台北：眾文圖書股份有限公司，1980），頁9-28。

陳玉美，〈考骨？考古！游進時光隧道的考古學〉，《大眾科學》，第五卷第一期（1984年1月），頁6-8。

Kwang-chih Chang, *The Archaeology of Ancient China* (New Haven: Yale University press, 1986).

連照美，〈台北圓山遺址現況調查研究報告〉，《台北文獻》直字第八十三期（1988年3月），頁1-48。

劉益昌，《台灣的考古遺址》（台北：台北縣立文化中心，1992）。

劉益昌，《台灣的史前文化與遺址》（南投：台灣省文獻委員會，1996）。

待查

第三章

# 原住民與南島語系

在上一章我們曾說明，金屬器文化的主人很可能是現在台灣土著民族的祖先。換句話說，在漢人成為台灣社會的主體前，土著民族是台灣島嶼的主人。目前台灣流行「四大族群」的說法，將現在的住民分為閩、客、外省人、原住民，這種分法也許有它的「現實性」，但把原住民放在一個類別，往往模糊了土著民族之間不同的面貌，也容易引起誤解，有時人們還真以為原住民只講一種叫作「山地話」的語言。

台灣的土著民族一般分為高山族與平埔族。照字面的意思，高山族是居住於山地的土著民族，平埔族則是住在平地的土著民族，這個說法不盡準確，因為屬於高山族的阿美族居住於東部平原。那麼，平埔族的名稱又是怎麼來的呢？如何區分高山族與平埔族？

簡單來說，這是漢人對土著民族的區分，不是他們的自我分類。「平埔番」似乎是漢人移民間的叫法。「埔」在閩南語意為平原（粵語亦同）；此一用法屢見於其它漢語。在一份雍正年間的文獻，「平埔土番」指居住在西部沃野與東海岸，向官府納輸應徭（繳稅、做公工）的土著。（陳倫炯，《海國聞見錄‧東南洋記》）在清朝，官方對土著民族的基本分法是「生番」、「熟番」，與「化番」。所謂「生」與「熟」是以「受教化」（漢化）與「歸附納餉」之有無為判準

**圖表6 台灣土著民族分布圖**
　來源：李壬癸 1996

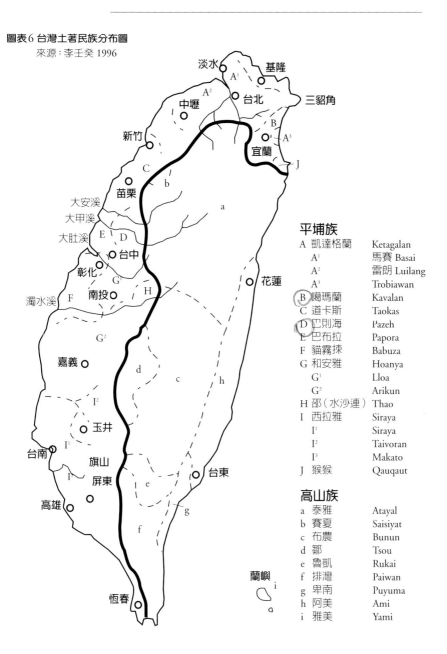

**平埔族**

| | | |
|---|---|---|
| A | 凱達格蘭 | Ketagalan |
| A¹ | | 馬賽 Basai |
| A² | | 雷朗 Luilang |
| A³ | | Trobiawan |
| B | 噶瑪蘭 | Kavalan |
| C | 道卡斯 | Taokas |
| D | 巴則海 | Pazeh |
| E | 巴布拉 | Papora |
| F | 貓霧捒 | Babuza |
| G | 和安雅 | Hoanya |
| G¹ | | Lloa |
| G² | | Arikun |
| H | 邵（水沙連） | Thao |
| I | 西拉雅 | Siraya |
| I¹ | | Siraya |
| I² | | Taivoran |
| I³ | | Makato |
| J | 猴猴 | Qauqaut |

**高山族**

| | | |
|---|---|---|
| a | 泰雅 | Atayal |
| b | 賽夏 | Saisiyat |
| c | 布農 | Bunun |
| d | 鄒 | Tsou |
| e | 魯凱 | Rukai |
| f | 排灣 | Paiwan |
| g | 卑南 | Puyuma |
| h | 阿美 | Ami |
| i | 雅美 | Yami |

（藍鼎元，《東征集》），有者為「熟番」，反之則為「生番」，介於兩者之間為「化番」。用「番」字來指稱土著民族，在現在看來當然是不恰當的，但歷史研究很難完全避免使用過去的詞彙，只要我們在使用時意識到這個問題，也許還是情有可原的。日本統治台灣以後，政府與學界正式採用「平埔蕃」或「平埔族」這個名稱。光復後，學界多采「平埔族」一詞。

高山族一般分為九族，平埔族的分類至今還有爭議，在此姑且采用十族的分法。高山族九族分別為：泰雅、賽夏、布農、鄒、魯凱、排灣、卑南、阿美、雅美。平埔族的十族是：凱達格蘭、噶瑪蘭、道卡斯、巴則海、巴布拉、貓霧捒、和安雅、邵、西拉雅、猴猴（或馬卡道）。（見圖表6）不過，其中邵是否能視為平埔族，學者間頗有爭論；而猴猴族屬不明，亦有問題。目前除了噶瑪蘭、巴則海等不斷如縷外，平埔族可說「名存實亡」，他們的後代絕大多數已經「融入」漢人社會，雖然還有蛛絲馬跡可尋，如族譜、土地契約，與祭祀儀式等等。我們今天所謂的原住民，基本上指高山族。

在這裡，有必要說明一下南部平埔族有名的「祀壺」習俗。所謂「祀壺」，用淺顯的話來說，就是拜瓶罐等容器的信仰。壺內裝水，插上草葉，祭祀的對象是西拉雅的祖先阿立祖，祭祀的地點稱為「公

3.1 一九三八年的頭社公廨　來源：淺井惠倫 攝影／南天書局 1996

3.2 頭社公廨今況（現改名「太上龍頭忠義廟」）彭裕峰 拍攝

### 3.3 一九三八年的頭社公廨內景
來源：淺井惠倫 攝影／南天書局 1996

### 3.4 太上龍頭忠義廟內景
彭裕峰 拍攝

3.5 台南縣東山鄉東河村大公界　彭裕峰　拍攝

3.6 台南縣東山鄉東河村大公界內景　彭裕峰　拍攝

3.7 台南縣東山鄉東河村小公界　彭裕峰　拍攝

3.8 台南縣東山鄉東河村小公界內景　彭裕峰　拍攝

廟」、「公界」或「太祖廟」。西拉雅似乎為母系社
會，一般認為阿立祖是女性。祀壺習俗過去常被當成
識別西拉雅族後裔的指標，不過根據新近的田野調查
研究，祀壺的人群不一定是西拉雅族的後裔。但這並
不排除祀壺原先可能是西拉雅族的信仰。根據調查，
台灣南部與東部約有一百五十處的祀壺之家或祀壺之
村。由於數百年的「文化合成」的結果，我們今天還
看得到的祀壺儀式摻雜不少漢人的民間宗教概念與儀
式。

傳統觀念認為「漢化」是土著民族「唯一」的出
路，社會看不起土著民族，許多平埔族的後裔都諱言
自己的血統。近年來，社會風氣逐漸改變，有平埔血
統反而值得驕傲。遷居到花蓮與台東的噶瑪蘭族裔正
在全力復原他們的文化與語言。除了噶瑪蘭語外，另
外瀕臨滅絕的平埔族語言是邵語與巴則海語。平埔族
的狀況頗引起有心人士的關心，不過在這同時，我們
不能不關心高山族的命運。在不久的將來，他們的文
化與語言很可能就像平埔族一樣，消失於以漢人為主
體的台灣社會。限於篇幅，在這裡我們無法逐一介紹
高山族的各個族群。不過，我們提供了一些老照片，
希望讀者能從中稍稍認識台灣土著民族半個世紀前的
風貌──那個時候，他們的「漢化」或「近代化」都
比現在淺。這裡有：阿美族戴著頭飾的小女孩、汲水

的鄒族女子、挑小米穗的排灣男子、騎水牛的原住民
孩童……等等。原住民的世界有著漢人社會所缺乏的
質素，他們的形像曾經激發若干畫家的創作力。日本
時代旅台日人畫家鹽月桃甫繪有一系列的原住民圖
像，吹口琴的泰雅少女是他最喜愛的題材之一。

**3.9 戴頭飾的阿美族馬蘭社小女孩**
來源：仲摩照久編 1931

**3.10 騎水牛的原住民少女**
來源：成田武司 1912

3.11 汲水的阿里山鄒族女子　來源：仲摩照久編 1931

3.12 挑小米穗的排灣男子　來源：淺井惠倫 攝影／南天書局 1996

3.13 鄒族的「樂團」　來源：《台灣蕃族圖譜》第二卷 1918

.14 鹽月桃甫繪「霓虹」　鹽月家藏明信片／王淑津 提供

3.15 鹽月桃甫繪「馬細道邦的姑娘們」
第四回台展西洋畫第十七號 1930 ／王淑津 提供

　　台灣土著民族的學術研究，起源很早，到現在至少有一百年之久。早期日本學者的研究爲日後本土學界的研究奠下基礎。可惜的是，無論是在日本統治時代，或光復後，學界豐碩的研究成果都未能透過正式的教育管道傳佈給社會大眾。換句話說，無論研究如何進步，台灣人（漢人、原住民一同）在過去一百年，都沒辦法在課堂上學習到台灣土著民族的歷史與文化——學術的上游生產無法成爲下游的消費品。因此，社會大眾對台灣土著民族缺乏系統的了解，這是很可惜的。如果在正式的教育課程中教導了台灣土著民族的歷史文化，漢人對原住民應會因了解而尊重，原住民也會因自己的歷史文化成爲教育的題材而產生自尊。

　　要對台灣土著民族有基本認識，必須了解「南島民族」與「南島語」的概念。台灣的高山族與平埔族的語言都屬於南島語系（Austronesian language family），又稱馬來亞玻利尼西亞語系（Malayo-Polynesian language family）。南島語是世界上種類最多（約五百種）的語系，也是地理分布最廣的語言（見圖表7），全世界大約有一億七千一百萬的人講這類語言。也就是說，台灣土著民族講的語言與馬來語（印尼語）、菲律賓諸語言，屬於同個語系，遠古時代同出一源。不過，讀者須知，同個語系並不就「講得通」，拿漢語來說，它與藏語同屬漢藏語系，彼此

「講不通」，漢語之間的各個語言也往往講不通。例如，閩南語、客語與國語都屬於漢語，但彼此間是無法不經學習就相通的；即使閩語之間也大多不相通。不同的語系，就像不同棵的樹木，各有各的主榦與枝椏，各枝椏之間的關係視彼此的距離而定。台灣土著民族的語言與東南亞諸島的語言，是從同個樹榦分生出來的，但枝椏之間的關係，或近或遠，頗爲複雜。

台灣土著民族的語言在世界南島語的研究上佔著非常重要的地位，關係到古南島語的重建，與南島民族的遷移等大課題。澳洲學者 Peter Bellwood 認爲南島語是從台灣擴散（並分化）到東南亞與大洋洲的。這個過程從距今八千年前開始，在公元九世紀時抵達紐西蘭。語言大抵跟著講這話的族群走，因此這個理論也與南島民族的遷徙息息相關。然而，台灣並不是南島語的起源地，Bellwood 與一些學者認爲南島語起源於中國東南，但已尠少痕跡可尋。

關於南島語是否從台灣擴散出去，學界尚無定論。值得注意的是，有一種理論認爲泰雅語群非常接近古南島語（Proto-Austronesian），是古南島語的直接分支。但另一派學者主張，台灣土著民族的語言是古北印尼語的分支，與古南島語關係頗遠。新近的考古、地理與語言證據顯示，古南島語的老家可能在印尼與新幾內亞一帶。

**圖表7 南島語分布圖** 來源：*The New Encyclopaedia Britannica* (1992) 第22冊，頁755（重繪）

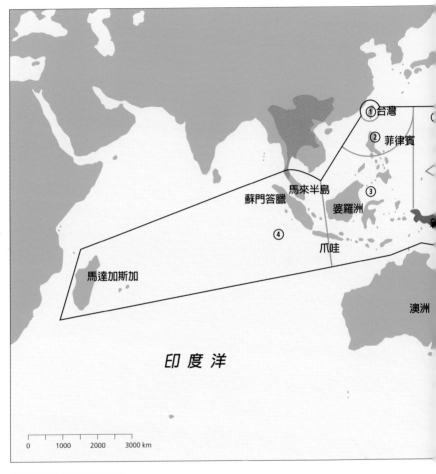

**圖表8 南島語擴散階段圖**
　來源：*The New Encyclopaedia Britannica* (1992) 第22冊，頁755；Peter Bellwood 1991（重繪）

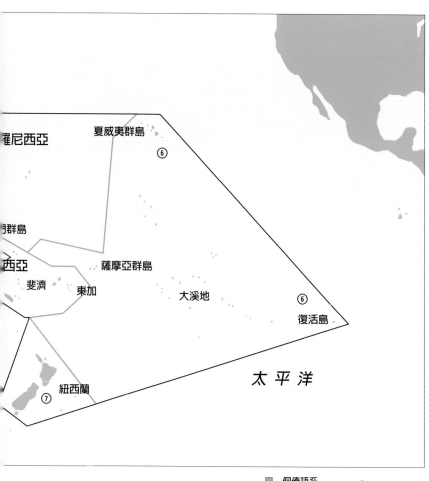

侗傣語系
巴布亞語系
—— 南島語系

① 4000 B.C.
② 3000 B.C.
③ 2500 B.C.
④ 1200 B.C.
⑤ 200 B.C.
⑥ A.D. 300-400
⑦ A.D. 800

　　無論如何，台灣各個土著民族之間的關係，並不是一個籠統的「原住民」名稱就可以概括的。他們之間的語言，有些差別很大，彼此「講不通」。土著民群之間的往來情況很不一致，各族與外界的接觸亦不同。李壬癸根據語言學上的證據，認爲台灣東北與東岸的土著民族（包括噶瑪蘭、阿美、卑南），似乎與菲律賓北部保持密切的關係，最近一百年才中斷。噶瑪蘭在本島與巴賽、阿美、凱達格蘭都有所接觸。不過，北部平埔族（凱達格蘭）與西部平埔族（道卡斯、巴布拉、貓霧拺、和安雅等）似乎沒什麼接觸。高山族與平埔族之間較少往來；高山族彼此之間也少有往來。

　　南島民族來台的時間先後可能也相差甚遠。目前的研究指出，平埔族如凱達格蘭、噶瑪蘭，與西拉雅「漂洋渡海」來台的時間相當晚，可能距今約兩千年前，或更晚。換句話說，如果台灣是南島民族向東南亞擴散的起點，幾千年後，有些南島民族又回流到台灣。

**基本參考資料**

國分直一著，廖漢臣譯，〈祀壺之村〉，《台灣文獻》第十三卷第二期（1962年6月），頁90-103。

石萬壽，〈頭社的阿立祖祭典〉，《民俗曲藝》第八期（1981年6月），頁1-7。

Peter Bellwood, "The Austronesian Dispersal and the Origin of Languages," *Scientific American* (July 1991), pp. 88-93.

李壬癸，〈台灣平埔族的種類及其相互關係〉，《台灣風物》第四十二卷一期（1992年3月），頁211-238。

潘英海，〈祀壺釋疑——從「祀壺之村」到「壺的信仰叢結」〉，收在潘英海、詹素娟編，《平埔研究論文集》（台北：中央研究院台灣史研究所，1995年），頁445-473。

詹素娟，〈宜蘭平原噶瑪蘭族之來源、分佈與遷徙——以哆囉美遠社、猴猴社為中心之研究〉，收在潘英海、詹素娟編，《平埔研究論文集》，頁41-76。

第四章

# 「美麗島」的出現

在歐洲人「發現」台灣之前，台灣是南島民族的台灣。他們之間不論有無接觸，基本上是活在各自的時間之流裡，「無曆日文字」。我們無意在此製造現代神話，把原住民的世界描繪成「世外桃源」；他們彼此之間也有衝突與戰爭，族群的遷移有時是爲了逃避他族的迫害，如猴猴之受迫於泰雅族。不過，爲歐洲人發現以及其後的發展，給原住民的世界帶來了極大的衝擊，打亂了千百年來的社會、文化與自然生態。

一個人盡皆知的歷史插曲是，十六世紀當葡萄牙人航經台灣時，望見島上草木翁鬱，綠意盎然，遂稱台灣爲：Ilha Formosa。葡萄牙語的 Ilha 是島，Formosa 意爲「美麗的」，Ilha Formosa 即「美麗之島」。這是台灣被歐洲人稱爲 Formosa 的來源。這樣一個美麗的名字，即使到現在還往往能引人遐思。只不過，如果同一批人再坐船經過台灣，看到山頭滿目瘡痍的台灣，是否還會稱它爲「美麗之島」？實在教人懷疑。

在歐洲人發現台灣以前，台灣早就爲近鄰所知。我們在第二章指出，台灣與亞洲大陸在冰河期曾幾度連接在一起，那是遠古時代的事。在中國古籍中有若干疑似台灣的記載，但猜測居多。《三國志·吳書》〈孫權傳〉中的「夷洲」比較有可能爲台灣，不過，

學者間仍有爭議；《隋書》〈東夷列傳〉

的「流求」一般認爲指台灣，但也有認爲指今大ㄉ又ㄓ

球（沖繩）。如果指台灣，那麼，在隋代，中國已知

道台灣這個島嶼的存在，或許也派兵來過。不過，我

們必須了解，知道台灣不等同於統轄台灣。中國與台

灣眞正發生密切關係，要到明朝中葉以後。（「台灣」

這個名稱出現很晚，容後敘述。）

　　歷史的發展，有時不是用現代的觀念能加以了解

的。今天，台灣與澎湖是一體的，但在明鄭以前，台

灣與澎湖各有自己的歷史脈絡。澎湖與中國的關係發

生很早，宋代即有漢人定居（約在十二世紀）。元朝

時，澎湖正式成爲元帝國的一部分。但是，僅有一水

之隔的台灣卻一直要到清朝才入版圖，成爲中國的一

部分。何以如此呢？寫〈東番記〉的陳第，也有類似

的疑問。原因很難確知。也許因爲台灣自古就是南島

民族的居住地，當宋代漢人在澎湖定居下來時，常受

到對岸「島夷毗舍邪蠻」的侵掠，漢人移民因此劃地

自限吧？（關於「島夷毗舍邪蠻」，另一種說法指菲

律賓。）

　　台灣成爲漢人移民的地區，始於荷蘭東印度公司

的獎勵。但這並不是說，其前沒有漢人來此居住。台

灣沿岸早有零星的漢人定居，也曾經是商人與海盜的

駐腳地。海盜的興起與明朝對外政策有關。唐宋代以

來，中國沿海海域發展出相當活絡的海上貿易，台灣
雖然離中國甚近，但因不在國際交通幹線上，自成一
孤立社會。明太祖即位後，實施朝貢貿易與海禁政
策，導致東亞貿易圈的衰退。所謂朝貢貿易，指外國
惟有接受中國的冊封，方能藉著朝貢的名義與中國進
行有限度的貿易。朝貢貿易導致供需間的不平衡，亞
洲國際商品的自由流通也受到阻礙。十六世紀，由於
中國（明朝）與日本（足利幕府）政府的勢力衰退，
海上的走私貿易遂活躍起來，「倭寇」猖獗。這時期
所謂的倭寇，其實領導層大多為中國人。由於走私貿
易興盛，中國沿海交通路線也多樣化了，於是原先外
於國際路線的台灣，成為交通路線的要地之一。此
時，葡萄牙人也出現在此一海域，使得東亞貿易圈與
歐洲交易圈發生直接的關係。西班牙人與荷蘭人相繼
來到。

　　台灣位於新的東西洋諸航路的路線上，又不屬於
只對朝貢國開放門戶的明朝版圖，因此，在十六世紀
末葉到十七世紀初期，為亞歐諸國所矚目。荷蘭在一
六○二年成立「聯合東印度公司」(Vereenigde Oost-
indische Compagnie，簡稱VOC )，一般稱為「荷蘭東
印度公司」，與「英國東印度公司」對稱。荷蘭東印
度公司的成立是為了保護荷蘭在印度洋的貿易，並協
助荷蘭掙脫西班牙統治的獨立戰爭。荷蘭政府賦予該

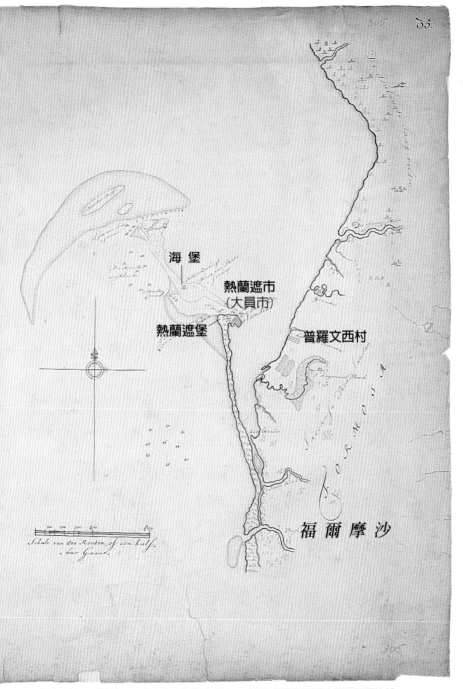

海 堡

熱蘭遮市
(大員市)

熱蘭遮堡

普羅文西村

福爾摩沙

圖1 十七世紀大員地區手繪地圖 （中文譯名為作者所加） 來源：荷蘭海牙國立檔案館圖片部

A. l'Hôtel du Gouverneur.   C. le pont de la ville.        Varmes et instruments de guerre. G. le Marché. I. le S
B. le Temple.              D. logis du Maréschal de la Compagnie. E. la haute justice. F. la Boucherie. K. la Prison. K. le

4.2 大員島的熱蘭遮市街與城堡（一六七〇年問世） 南天書局提供

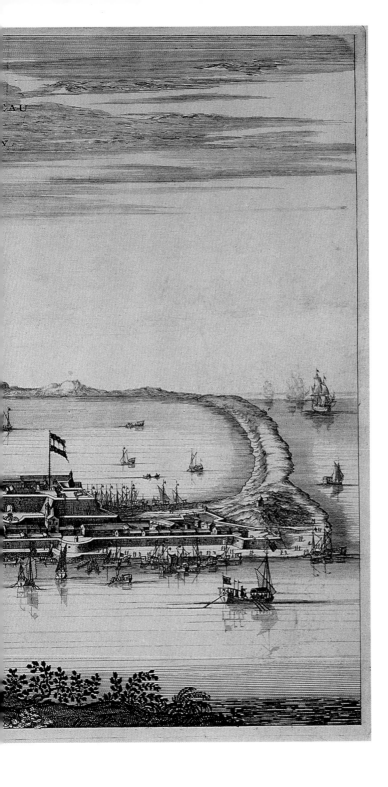

公司在好望角與麥哲倫海峽間的貿易專利權，與締約、築城、維持軍備、設立殖民地等權利。換言之，即國家把對外貿易與領土擴張的權力委託給聯合壟斷的公司去經營。荷蘭東印度公司在幾位能力高強的總督領導下，打敗英國艦隊，也大抵取代了葡萄牙在東印度群島（今東南亞諸島）的勢力。

爲了與中國貿易，荷蘭東印度公司在中國沿海尋找能夠停泊船艦的貿易根據地與中途站。然而他們在中國沿岸的嘗試失敗，最後只好轉而佔據澎湖，一六二二年開始在該島建築防禦工事。但澎湖爲中國屬地，一六二四年中國出兵澎湖，經調解協商後，荷蘭東印度公司從澎湖撤退，改而佔領非中國領土的台灣。他們在荷蘭文稱爲Tayouan的地方建起新的堡壘。Tayouan即「大員」，在今天台南安平；「大員」或寫成「台員」、「台灣」，後來成爲台灣島的全稱。荷蘭人蓋城的地方原爲半島，但今天海灣已爲泥土所淤積，變成陸地。

荷蘭人在大員半島建立的堡壘，經過改建，在一六二七年定名爲熱蘭遮堡（Fort Zeelandia），或稱熱蘭遮城、大員城。安平古堡指的就是熱蘭遮城。從圖4.2，我們可以看到這個城堡有四個稜堡，頗爲可觀，城堡外的棋盤式市街顯示出義大利文藝復興的影響。另外，在對岸，也就是今天的台南市，明末逃難

4.3 熱蘭遮城（安平古堡）
　城牆遺蹟之一
　　彭裕峰　拍攝

4.4 熱蘭遮城（安平古堡）
　城牆遺蹟之二
　　彭裕峰　拍攝

而來的中國移民漸增，形成市鎮，名爲普羅文西
（Provintia），一六五六年荷蘭政府在該地興建一座城
堡，即普羅文西城。該城堡於一八六二年毀於地震，
一八七五年清政府於同一地點蓋了城樓，即赤崁樓。
現在在台南市還看得到普羅文西城的城牆。附帶一
提，無論是熱蘭遮城或普羅文西城，都是西方式的城
堡（castle），與中國的城不一樣。中國的城包括市
街，西洋式的城堡與日本近似，市街在外。從圖
4.2，可以清楚地看到熱蘭遮城與「大員市」（又稱熱
蘭遮市；Stad Zeelandia）的空間配置，也就是市街、
城堡分離。郁永河說，台灣（大員）、赤嵌（普羅文
西）二城「非有埤堄闌闠，如中國城郭，以居人民者
也」，即指此。

　　從一六二四年佔領台灣到一六六二年被鄭成功驅
逐，荷蘭東印度公司統轄台灣前後共三十九年。在這
期間，西班牙人於一六二六年佔領台灣北部淡水、基
隆一帶，建立城堡，但在一六四二年爲荷蘭人驅逐。
西班牙人也在台灣北部留下痕跡，例如三貂角——西
班牙艦隊最初停泊之海灣——就是來自西班牙文聖地
牙哥。荷蘭人驅逐西班牙人之後，理論上擁有「全
台」，實際上並未有效統轄全島。荷蘭統治台灣最初
十幾年，勢力範圍不出大員一帶，但自一六三五年開
始，積極討伐大員附近村社，並向外擴張。到荷蘭人

4.5《台灣縣志》（嘉慶十二年）中的赤嵌城（普羅
　　文西城）

4.6 立石鐵臣版畫中的普羅文西城
　　來源：《民俗台灣》第二卷第五號封面

4.7 今天的赤嵌樓　　彭裕峰 拍攝

被驅逐出台時，其勢力範圍擴張到北部、中部，與東部。根據荷蘭人編製的「番社戶口表」，一六四七年荷蘭管轄的原住民村落共二百四十六社，人口六萬二千八百四十九人；一六五〇年，三百一十五社，共六萬八千六百五十七人。據估算，此一人口數大約佔全島原住民人口的40-50%。也就是說，荷蘭人大約管轄了四成到五成的原住民人口。最新的研究指出，荷蘭與原住民的接觸程度與範圍，可能超乎我們的想像。「紅毛番」的影子似乎存在許多原住民的集體記憶裡。

荷蘭人的統治，確實給南部的土著民族留下一些深遠的影響。我們知道，台灣土著民族一直沒有文字，荷蘭人來台後，為新港社人創造了一套羅馬拼音文字，即所謂的「新港語」，是台灣南島民族有文字的開始。新港社在今天的台南新市，是荷蘭人傳教士最初布教的村社。荷蘭東印度公司負擔有傳教的任務，傳教人員是公司的職員。荷蘭人佔領台灣後，基督教的傳佈隨之而來。一六二七年第一任牧師Georgius Candidius抵達台灣，先在新港學習當地語言（新港語），並著手在該社布教。大員附近的幾個著名的社是：新港、麻豆（今麻豆）、蕭壠（今佳里）、目加溜灣（今善化），與大目降（今新化），他們都屬於西拉雅族。一六五九年，新港、麻豆、蕭壠、目加溜灣熟諳

教理的信徒比例分別爲：83%、51%、48%、76%。

　　荷蘭牧師教導土著民族用拉丁字母書寫他們的語言；所謂用拉丁字書寫，就是用拉丁字母（又稱羅馬字）來表音，把語言拼寫出來。（社會上一般人常常把拉丁化或羅馬化的文字當作英文，是不正確的。）荷蘭牧師並且用新港語翻譯聖經與宗教教材。現存有一卷新港語、荷蘭文對照的〈馬太福音〉，是荷蘭牧師倪但理(Daniel Gravius)所譯。爲了增進讀者的了解，在此迻錄一段新港語譯文。

　　〈馬太福音〉：

　　第一章第一節　亞伯拉罕的後裔，大衛的子孫，
　　　　　　　　　耶穌基督的家譜。

　　第六章第二十二節　眼睛就是身上的燈，你的眼
　　　　　　　　　　　睛若瞭亮，全身就光明。

新港語分別作：

　　1:1 Soulat ki kavouytan ti Jezus Christus, ka na alak
　　　　ti Davis, ka na alak ti Abraham.

　　6:22 'Æuyng ki vouäl ta matta; Irou rou mapæuh-
　　　　pæuh mariang ta matta oho, doumiaka ma
　　　　ymd'-âl-ato maræmæh ta vouäl-oho.

　　兩相比對，我們可以解讀新港語，例如，alak是「兒子、子孫」的意思；vouäl 是「身體」的意思；matta是「眼睛」。今天菲律賓的Tagalog語、馬來語、

與斐濟語的「眼睛」都還叫mata，學者所重建的古南島語中的「眼睛」也是mata。可惜，台灣的新港語已經是個死的語言。

**Cap. j.**      **fol: 1**

| Het H. Euangelium | Hagnau ka D'lligh |
|---|---|
| *na [de beschrijvinge]* | *Matiktik ka na sasoulat ti* |
| **MATTHEI.** | **MATTHEUS.** |
| Het eerste Capittel. | *Naunamou ki lbægh ki soulat.* |

1 HET Boeck des Geslachtes JESU CHRISTI, des soons Davids / des soons Abrahams.
2 Abraham gewan Isaac. ende Isaac gewan Jacob. ende Jacob gewan Judam / ende sijne broeders.
3 Ende Judas ghewan Phares ende Zara by Thamar. ende Phares ghewan Esrom. ende Esrom gewan Aram.
4 Ende Aram gewan Aminadab. ende Aminadab gewan Naasson. ende Naasson gewan Salmon.
5 Ende Salmon ghewan Booz by Rachab. ende Booz gewan Obed by Ruth. ende Obed ghewan Jesse.
6 Ende Jesse ghewan David den Koningh. ende David de Koningh gewan Salomon by de ghene die Urias

1 Soulat ki kavouytan ti JEZUS CHRISTUS, ka na alak ti David, ka na alak ti Abraham.
2 Ti Abraham ta ni-pou-alak ti Isaac-an. ti Isaac ta ni-pou-alak ti Jakob-an. ti Jacob ta ni-pou-alak ti Juda-an, ki tæ'i-a-papar'appa tyn-da.
3 Ti Judas ta ni-pou-alak na Fares-an na Zara-an-appa p'ouh-koua ti Thamar-an. Ti Fares ta ni-pou-alak ti Esrom-an. Ti Esrom ta ni-pou-alak ti Aram-an.
4 Ti Aram ta ni-pou-alak ti Aminadab-an. Ti Aminadab ta ni-pou-alak ti Naasson-an. Ti Naasson ta ni-pou-alak ti Salmon-an.
5 Ti Salmon ta ni-pou-alak na Boös-an p'ouh-koua ti Rachab-an. Ti Boös ta ni-pou-alak na O-bed-an p'ouh-koua ti Ruth-an. Ti Obed ta ni-pou-alak ti Jesse-an.
6 Ti Jesse ta ni-pou-alak ti David-an ka na Mei-sasou ka Si bavau. Ti David ka na Mei-sasou ta ni-pou-alak ti Salomon-an p'ouh-koua

CHAP. I. (1) THE book of the generation of Jesus Christ, the son of David, the son of Abraham. (2) Abraham begat Isaac ; and Isaac begat Jacob ; and Jacob begat Judas and his brethren ; (3) and Judas begat Phares and Zara of Thamar ; and Phares begat Esrom ; and Esrom begat Aram ; (4) and Aram begat Aminadab ; and Aminadab begat Naasson ; and Naasson begat Salmon ; (5) and Salmon begat Booz of Rachab ; and Booz begat Obed of Ruth ; and Obed begat Jesse ; (6) and Jesse begat David the king ; and David the king begat

A

4.8 新港語《馬太福音》內文首頁書影（左為荷蘭語，右為新港語）

　　荷蘭人雖然只統治台灣不到四十年，他們教導原住民使用文字，影響深遠。拉丁化的新港語在荷蘭人離開後，繼續使用至少一百五十年。一般民間所說的「番仔契」，就是用新港語書寫的土地契約，或單張出現，或附在中文契約之後。日據時代學者將此類契約列為「新港文書」。目前有登錄的新港文書中的契字，年代最晚的是嘉慶十八年（一八一三年）。這類的文書存留不多，舉世大約僅有一百五十件左右。圖4.9是本所采集到的一份「單語新港文書」，契尾的年代是Chianliong 102 ni 4 goij，即乾隆12年4月。平埔族在清代吸收不少漢語，契約用清朝年號，這裡的Chianliong，ni與goij，需用閩南語來念，即乾隆、年、月。新港語的數目寫法特殊，按照口讀的方式記錄，如32寫成302，632寫成600302。圖4.10是本所最近采集到的前所未錄的「雙語新港文書」，右邊是中文，左邊是新港文。這份契約大有玄機在，中文契約日期作乾隆三十年十月，新港語契約則作乾隆二十二年十二月。何以如此，有待專家進一步研究。由於西拉雅族有各種方言，拉丁字拼寫沒有一定的標準，時日一久語言發生變化，摻雜大量漢語，解讀新港文書並非易事。若遇字跡潦草，則難上加難。

　　台灣的漢人社會的建立，不能不歸功於荷蘭東印度公司的招募。台灣原先有漢人居住，但大都屬季節

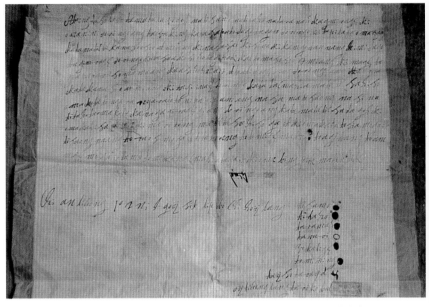

**4.9 單語新港文書**
中央研究院台灣史研究所
籌備處 提供

**4.10 雙語新港文書**
中央研究院台灣史研究所
籌備處 提供

性的，人數亦不多。荷蘭人來台後，獎勵漢人與日本人前來居住，從事稻米和蔗糖的種植。一六三八年，在台灣荷蘭人管轄地區內的漢人約有一萬至一萬一千名。荷蘭統治末期，台灣的漢人人口可能有三萬五千人至五萬人之譜，漢人社會也就在台灣建立起來。關於漢人的入台開墾，我們留待下章敘述。

## 基本參考資料

*The Gospel of St. Mattew in Formosan (Sinkang Dialect)*, edited from Daniel Gravius's edition of 1661 (London: Trubner & Co., 1888；台北：南天書局復刻，1996）。

村上直次郎，《新港文書（Sinkan Manuscripts)》（台北：台北帝國大學理農學部，1933；台北：捷幼出版社復刻，1995）。

中村孝志，〈蘭人時代蕃社戶口表〉(1)、(2)，《南方土俗》四卷一號、四卷三號（1936年7月、1937年6月），頁59-42、180-196。

曹永和，《台灣早期歷史研究》（台北：聯經出版事業公司1979）。

Christine Vertente、許雪姬、吳密察，《先民的足跡──古地圖話台灣滄桑史》（Knokke, Belgium: Mappamundi Publishers；台北：南天書局有限公司，1991）。

楊彥杰，《荷據時代台灣史》（南昌：江西人民出版社，1992）。

方豪，《台灣早期史綱》（台北：台灣學生書局，1994）。

翁佳音，〈歷史記憶與歷史事實──原住民史研究的一個嘗試〉，《台灣史研究》第三卷第一期（1996年6月），頁5-30。

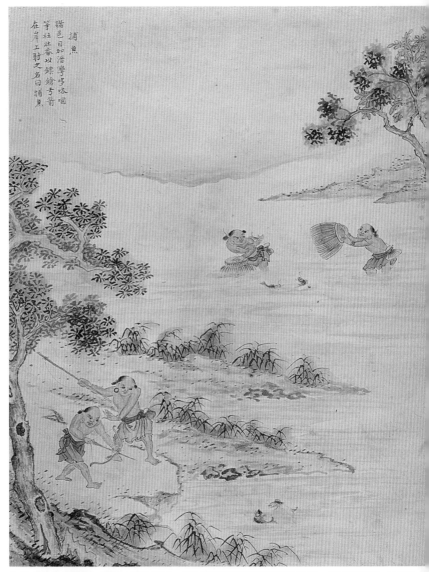

捕魚

諸邑目加溜灣哆咯嘓
等社壯番以鏢鎗弓箭
在岸工射之名曰捕魚

4.11「**番社采風圖·捕魚**」圖上題字：諸邑目加溜灣哆咯嘓等社壯番，以鏢鎗弓箭，在岸上
　　射之，名曰捕魚。　中央研究院歷史語言研究所藏／提供

第五章

# 漢人的原鄉與移墾社會

自從荷蘭人招募漢人來台從事農耕，漢人人口大量增加。一六六二年，鄭成功驅逐荷蘭人，以台灣爲反清復明的基地。這是漢人在台設立政府的開始。鄭成功擊退荷蘭人後不久即去世，他的兒子鄭經與孫子鄭克塽繼續經營台灣，直到一六八三年被清廷打敗爲止。鄭氏政權在台灣的建制，可以說是個小朝廷的規模。在這裡，我們無意討論鄭氏政權的性質，本章的重點在漢人的移墾。

鄭氏政權不惟帶來爲數可觀的軍隊，也致力於招徠人口。過去不像今天有完整的戶籍制度，人口數目可以準確地計算。學者只能根據各種資料，予以推測。據估算，明鄭時代台灣的漢人人口約十二萬（或認爲十五萬到二十萬之間），而當時約有十萬至十二萬的土著民族。換言之，在短短的二十餘年間，漢人人口即已匹敵土著民族，甚且超過之。鄭克塽降清後，鄭氏政權關係人半數被遣回內地，漢人人口一度頓減，但後來移民不斷（無論渡台禁令之有無、鬆嚴），人口成長一路領先原住民，到一九〇六年日本統治台灣初期，土著民族人口只有十一萬三千餘人（不含平埔族），漢人則約有二百九十萬人。平埔族在一九三六年有五萬八千二百一十九人，一九四三年有六萬二千一百一十九人。根據統計，一九九三年年底，台灣高山族約有十九萬二千人，漢人人口則是二

千萬以上的壓倒性多數。

　　日據以前，台灣的漢人主要來自海峽對岸的閩粵
兩省。但漢人也不是平均地從閩粵兩省的各個地方移
來，基本上以圖表9的十府／州為主，其中福州府、
興化府、永春州、泉州府、漳州府、龍巖州、汀州府
屬福建省，潮州府、嘉應州、惠州府則屬廣東省。由
於福建移民以漳泉兩府最多（泉多於漳），客家人因
語言風俗自成一格，因此在清代，大都將台灣的漢人
移民分成漳、泉、客民三大類。一般人認為福佬人來
自福建，客家人來自廣東，是不精確的說法，因為台

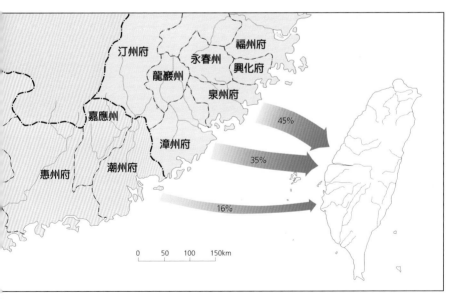

**圖表9 台灣漢人移民的原鄉**　來源：施添福 1996；John Shepherd 1993（重繪）

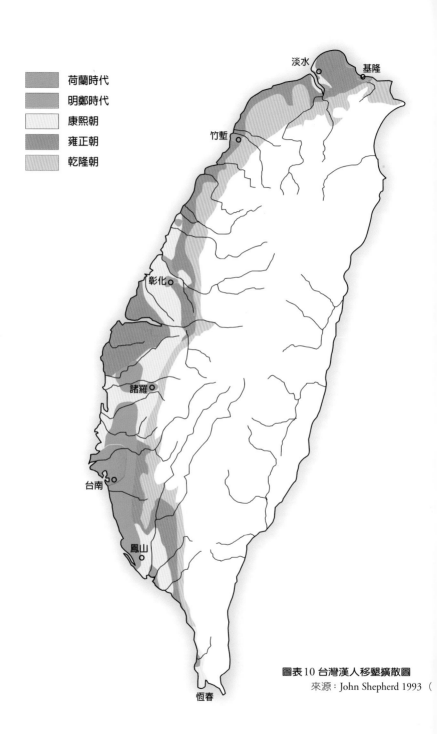

圖表 10 台灣漢人移墾擴散圖

來源：John Shepherd 1993（

荷蘭時代
明鄭時代
康熙朝
雍正朝
乾隆朝

淡水
基隆
竹塹
彰化
諸羅
台南
鳳山
恆春

灣的客家人不全來自粵省，也有來自福建汀州府的客庄；潮州、惠州也非全為客縣。以「粵」指稱客家人，是長期以來的淆混，例如在日本統治時代，「廣東人」指客家人，「廣東語」指客家話。

清代台灣漢人的漳、泉、客人口比例如何呢？可以說，因時而異。概括而言，台灣剛收入大清版圖時，漢人移民大都來自漳、泉兩府，幾無客民。乾隆末年（十八世紀結束前），「按全台大勢，漳、泉之民居十分之六七，廣民在三四之間。以南北論，則北淡水、南鳳山多廣民，諸、彰二邑多閩戶；以內外論，則近海屬漳、泉之土著，近山多廣東之客莊」。（按，「廣民」指客民）此一「族群」的分布情況，大致維持到清末台灣割讓時，但有局部性的調整，如漳人進入噶瑪蘭地區（宜蘭），客民退出台北盆地向竹塹地方（新竹）集中。根據日本時代的調查資料，泉州人主要分布於西部沿海平原與台北盆地；漳州人集中於西部內陸平原、北部丘陵與蘭陽平原一帶；客家人聚居於西部的北側與南側的丘陵、台地或近山的平原地帶。

漳、泉、客民的地理分布是一個饒富趣味的問題。眾所周知，泉州人居於濱海平原，漳州人居於平原內緣，客家人則分布在丘陵台地。何以如此？長期以來流行「先到先佔」的說法，認為泉人先來，佔到

最好的地區，漳人次到，所以往內陸住，客家人最晚
到，只剩下靠山的丘陵地。這種說法表面看來言之成
理，但不符合歷史的眞實。根據施添福教授的研究，
漳、泉、客民之所以定居於不同的地區，是與他們的
原鄉生活方式息息相關的。舉例來說，客家人雖然入
台較晚，但至遲到康熙末年應已大量移入台灣，當時
台灣未開闢的曠土尚多，除嘉南平原外，還有許多濱
海地帶，客民沒必要一定要沿山而居，但結果如此，
這就需要解釋。

5.1 **盛裝的台灣士紳** 來源：鷲巢敦哉編 1941

5.2 **踩龍骨車** 來源：《台灣時報》第94期 1927

5.3 **大稻埕的節慶** 來源：George Braithwaite 譯 1907

　　根據研究，明末清初時泉州人「捨本逐末」的風
氣很盛，他們靠海維生，過著以行賈、販洋、工匠、
魚撈、養殖、晒鹽為主業的生活，所以當他們渡海來
台謀生時，自然選擇濱海地區居住。漳州雖然與泉州
緊鄰，但農業一直是經濟基礎與生活中心，當他們冒
險來台時，選擇內陸平原乃順理成章之事。客民的原
鄉是山鄉，他們在山地一直過著農耕的生活方式，擅
長河谷平原、丘陵地、山地的耕種技能。對他們而
言，海是陌生的。當他們抵達台灣時，平原自然是理
想的耕作地區，但他們比漳泉移民多出一項選擇，也
就是能在與故鄉相似的地理環境從事山區農耕。

　　對現代人來說，原鄉生活方式具有如此大的決定力量，是很難想像的。不過，我們必須了解：在近代以前的社會，絕大多數的人不識字，個人的謀生技能往往是跟父親或鄰人學習到的，而且這樣的技能通常無法轉換（一生只會一種技能）。如果一個男子學會了漁撈，要他改作農耕，非常困難。倘使他必得馬上賺活，那就只有「黔驢故技」可施了。現代社會的「職前訓練」很不一樣，普遍識字教育爲社會培養一批工商業的基本勞動力，具有空間的流動性。比如，一個在甲地百貨業賣商品的人，可以在短期間內轉到乙地的工廠上班。反之，前近代社會沒有放諸四海市場皆準的普遍職前教育，人們移居時，是帶著各自的「一技之長」移居的。明乎此，就能了解下面這則笑話背面的眞義。美國中北部明尼蘇達州的冬季，長而酷寒，州民多爲挪威移民的後裔。一般人愛笑他們：怎麼那麼笨，家鄉已經夠冷了，爲什麼移來美國還要選那麼冷的地方！

　　原鄉不惟影響了漢人移民在台灣的地理分布，他們所建立起來的社會，到處看得到唐山（尤其是中國華南）的影子。然而，台灣漢人社會也有作爲邊疆移墾社會的獨特性。這種雙重性格充分表現在台灣漢人社會的宗族組織上。祖先崇拜是漢人自古以來的特色之一；漢人社會的宗族是以血緣系譜爲主的組織，一般置有祭田或祖嘗，在台灣則稱爲「祭祀公業」，亦即爲祭祀祖先而購

5.4 **龍山寺**　來源：《台北市政二十年史》1940

5.5 **野台戲**　來源：Edward Band　1936 成文1972復刻

5.6 台南某廟的廟埕　來源：Richard Goldfchmidt 1927

5.7 **范謝將軍** 來源：安藤元節編 1932

置的共有產業。早期的台灣漢人移民大都只作短暫停留的打算，因此沒有祭祀祖先的問題。但逐漸定居下來，移民就有祭祖的需要，他們通常由在台的宗族成員醵資派人前往本籍祭祖。時日一久，漸漸感覺回鄉祭祖的不便，而且在台的宗族成員繁衍已多，於是開始有人倡導建祠堂、設公業。

　　早期出現的祭祀團體由在唐山有共同遠祖的宗族
成員組成，祭祀共同的「唐山祖」；他們通常來自同
一祖籍地，同姓但不必然有直接的血緣關係。等到有
些宗族在台灣繁衍了三、四代，其成員也成立祭祀團
體，祭祀第一位來台的祖先──「開台祖」。學者稱前
者為「唐山祖宗族」，後者為「開台祖宗族」。若以組
成的原則來分，前者采自願加入方式認股出錢，因此
又稱「合約字祭祀團體」，後者由特定祖先之後代在
鬮分財產時抽出一份來充當祭祀公業，所以稱為「鬮
分字祭祀團體」。這兩種團體可以重疊存在，一個
「唐山祖宗族」可能包括若干個「開山祖宗族」。「開
山祖宗族」的組織是中國傳統社會的典型，「唐山祖
宗族」則是移民社會特有的現象。

　　作為漢人移墾社會，台灣另一個與原鄉同中有異
之處是土地租佃制度。眾所周知，清代台灣有大小租
問題。大小租換個講法，就是一田兩主，即一塊地屬
於兩個主人，不過兩人擁有的「權」不同，一為土地
所有權，一為〔長期或永久〕使用權。一田兩主，或
一田多主的制度不是台灣獨特的，也見於台灣漢人的
原鄉漳州、福州、汀州；中國華中地區也有此一現
象。台灣的大小租起源與土地原先的所有權觀念有
關。理論上，未開墾的土地不是屬於官府，就是屬於
原住民（番地）。想要開墾的人必須向官府申請「墾

照」（開發執照），取得墾照者（業戶）必須在一定期限內招佃開墾，然後報丈陞科，繳納正供（即報官丈量，按等納稅）。由於業戶向官府申請的土地面積通常很大，不是自己所能耕作得了的，於是將土地劃分為數塊，招來墾佃開墾。墾佃向業戶繳一定的地租，稱為「大租」。墾佃又可招來耕佃，替他耕作。耕佃向墾佃繳地租，稱為小租。業戶因收取大租，稱大租戶；墾佃收取小租，稱小租戶。業戶則必須向官府繳稅。如果一般讀者還不是很清楚大小租制度，容我作個比喻。如果拿房子來說，大租戶就是屋主（大房東），小租戶是二房東，他們分別向房客收取房租，

5.8 傳統的台灣農舍庭院　來源：Edward Band 1936 成文 1972 復刻

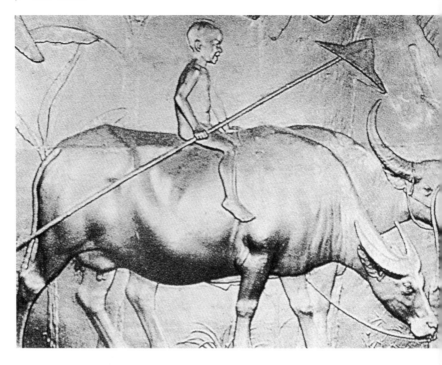

但只有屋主（大房東）須繳稅給政府。複雜的是，小
租戶大都擁有永佃權，即永久耕作權，並且可以自由
地典售佃權。就像二房東可以永遠租賃該屋，並自由
處分他的永賃權──如不須屋主同意，將永賃權轉賣
他人。

　　以上講的是典型的大小租，台灣的情況特殊在於
許多「曠地」原先屬於平埔族，在漢人拓墾的過程
中，平埔族的土地不斷落入漢人手中。下一章我們將
討論漢人如何取得土著民族土地的問題。在這裡，我
們要說明的是，台灣的大租有所謂的「番大租」，也

5.9 黃土水作品「水牛群像」

5.10 水牛的放牧　來源：《台灣統計要覽（大正二年）》 1915

就是由原住民將土地租給漢人耕墾，向漢人收取大租，是為番大租。漢人成了小租戶，再將土地給漢人耕佃耕作，收取小租。清代還有隘屯等制度，實際的情況非常複雜，在此就不細說了。

台灣作為移墾社會，有什麼特色呢？道光十三年（1833）來台任北路理番同知兼鹿港海防的陳盛韶，在《問俗錄》中對台灣社會的特色多所著墨，有些情況我們在前面已經提過了，在此舉幾個未觸及的問題。其一，游民（羅漢腳）特多，他們「嫖賭、摸竊、械鬥、樹旗，靡所不為。……游食四方，隨處結黨，……台灣之難治在此。」游民是械鬥的要角。其二、地方為「總理」所掌控，總理「流品混淆，清濁不分……變亂黑白，武斷鄉曲」。他們「變亂黑白、武斷鄉曲」，與今天的某些地方勢力，隔代輝映。其三、「富戶不重讀詩書，講禮義」，只想與官府勾結，而「貧人謀生又勢不能學」。也就是說，有錢人不學，

5.11 剝蓪草的台灣女性
來源：《新竹州時報》創刊號 1937

5.12 **揀茶**　來源：《台灣統計要覽（大正二年）》1915

窮人不能學，以至於「學校不振，文風日衰」。這些
當然都不是正面的評價，讀之令人不快。然而，一百
六十餘年後的台灣，是不是還殘留著一些移墾社會的
影子呢？值得吾人深思。

---

**基本參考資料**

陳盛韶，《問俗錄》（北京：書目文獻出版社，1983）。

施添福，《清代在台漢人的祖籍分布和原鄉生活方式》（台
　　北：國立台灣師範大學地理學系，1987）。

陳其南，《台灣的傳統中國社會》〔訂正版〕（台北：允晨文
　　化實業股份有限公司，1991）。

John Robert Shepherd, *Statecraft and Political Economy on the
　　Taiwan Frontier, 1600-1800* (Stanford, California: Stanford
　　University Press, 1993).

第六章

# 漢人與原住民的關係

首先必須向讀者道歉的是，本章為行文簡潔起見，有時沿用清代的觀念，用「番」來指稱土著民族。這是不得已的作法，不是出於不敏感，或心懷輕視。我們加了引號，表示有保留地使用舊名詞。

在第一章，我們提到族群史觀的問題。過去講漢人移墾，大都從漢人的觀點來談，背後不自覺的假設是肯定土地開發，甚且有類似「漢人開發血淚史」的感情投射在內。漢人大舉來台拓墾，有原鄉的「外推」(push)力量，也有台灣本身的「吸引」(pull)因素。由於早期「禁無照渡台」，大多數的移民以偷渡的方式來台，過程有如穿越地獄，死亡率相當高。此外，清朝統治初期又禁止攜眷，導致多數年輕男子無法成家，形成為數眾多的「羅漢腳仔」，光棍而終。這些都是令人同情的歷史。但是，對土著民族而言，這又是怎樣的一個過程呢？

「篳路藍縷，以啓山林」可以用來形容漢人對台灣的拓墾——這個過程彷彿尚未結束！台灣在康熙末年許多地區還是未闢之地，但所謂的「曠地」是從漢人的眼光來看，對居住在平地賴移墾與游獵維生的土著民族，「草埔」就是生計之所託。這些土地在一兩百年內幾乎全都開闢成田，落入漢人手中。這個過程很複雜，與其說清朝政府不保護土著地權，毋寧說是保護失敗。

　　清朝政府承認土著地權，並有種種措施防止漢人侵墾「番地」。清朝統治台灣採取漢「番」隔離政策，不准漢人進入「番地」，分界即一般所說的「土牛紅線」。「紅線」指地圖上用紅筆劃的界線，在地表上則有土牛與土牛溝的有形界線。土牛溝是挖出來的，

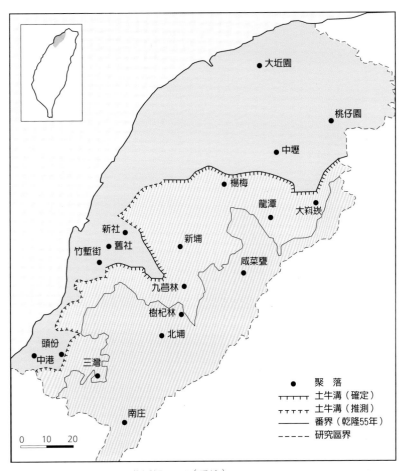

大坵園

桃仔園

中壢

楊梅

龍潭

大科崁

新社

新埔

竹塹街　舊社

咸菜甕

九芎林

樹杞林

北埔

頭份

中港

三灣

南庄

●　聚　　落
⊥⊥⊥⊥⊥　土牛溝（確定）
ＴＴＴＴＴ　土牛溝（推測）
───　番界（乾隆55年）
----　研究區界

0　10　20

**圖表11 竹塹三區圖**　來源：施添福 1996（重繪）

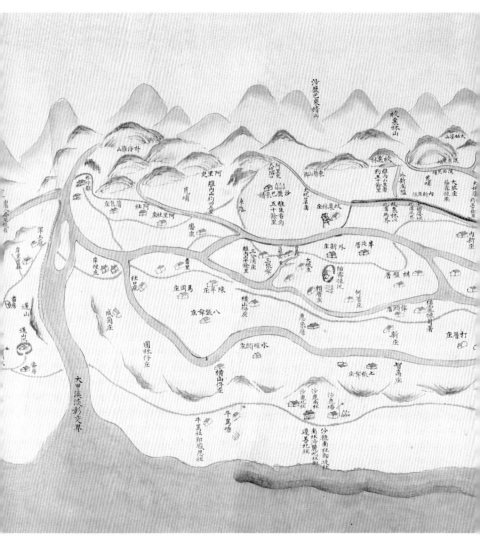

6.2「台灣番界圖」（局部）

　　說明：此一地圖繪於乾隆二十五年，圖中所示是笨港到大甲溪一帶，
　　可以清楚看到土牛紅線的紅線。藍線是新番界，更往內山推移。
　　中央研究院歷史語言研究所藏／提供

守隘

寺隘臺郡各縣番
民附近生番居住
者代竹木為欄每
日通事土目派撥
番各帶鏢鎗弓
箭以防生番出沒

6.1「**番社采風圖・守隘**」 圖上題字：守隘，台郡各縣番民附近生番居住者，伐竹木為欄，每日通事土目派撥番丁，各帶鏢鎗弓箭，以防生番出沒。中央研究院歷史語言研究所藏／提供

築土作堆，是為土牛。官方的界線擋不住漢人入墾，年代一久，界址湮滅，清廷多次重新釐定番界。以竹塹地區為例，康熙時番界是漢人與生番的界線，乾隆五十五年重新釐定生番界址，新舊番界遂成為區隔漢人、熟番與生番的界線，也就是「生番在內，漢民在外，熟番間隔於其中」，即如圖表11所示的漢墾區、保留區與隘墾區。竹塹地區開發較晚，始於康熙末年。雍正年間政府鼓勵開墾，在短短一、二十年間，竹塹地區番界以西的廣大草地，除了少數熟番保留的自耕社地外，幾乎全部落入漢業戶手中。乾隆三年起清廷改採護番禁墾的政策，禁止漢人在漢墾區典買番業，並禁止漢人入墾熟番保留區。然而，大勢所趨，保留區最後還是成為漢人的天地。何以如此？

平埔族失去土地，至少有如下的幾個因素。首先，漢人不斷拓墾荒地，導致鹿場流失，而鹿皮是平埔族重要收入之一。前面提過，所謂熟番的定義就是向清政府「歸附納餉」。餉是丁餉，即人頭稅，清政府對平埔族所課的番餉很重。此外，平埔族還須負擔許多公差，缺乏力田條件。由於無法打牲耕作，卻又須繳納重餉，使得許多族人陷入困境。為紓解一時之困，他們不得不把土地賣給漢人。結果造成惡性循環，非賣掉更多的土地不行。

其次，漢人的巧取豪奪，不能不說是造成土著地

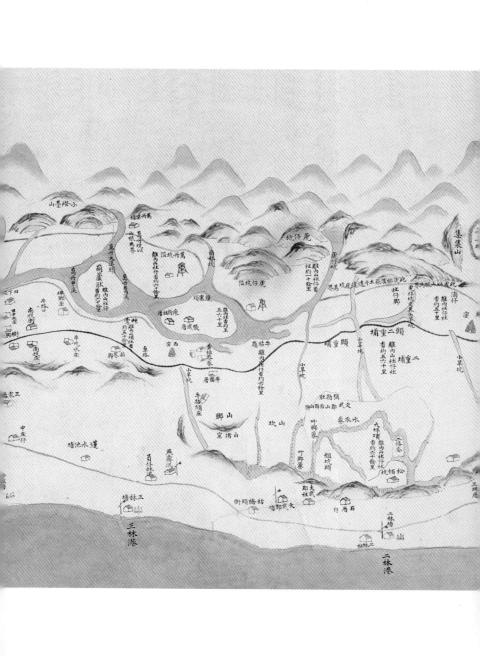

捕鹿

淡防廳大甲、後壠中
港竹塹宵裡等社熟
番至秋末冬初各社
聚眾捕鹿名為出草

6.3「**番社采風圖・捕鹿**」圖上題字：淡防廳大甲、後壠、中港、竹塹、宵裡等社熟番，至秋末冬初，各社聚眾捕鹿，名為出草。　中央研究院歷史語言研究所藏／提供

權流失的重大原因。作為漢番中介的漢人通事往往利用職權，取得廣大的番產，如台中岸裡社通事張達京就是典型的例子。張達京當了四十二年的通事，「開闢土地，創業三十餘萬租」，擁有巨大財富，田宅散布中部地區。他的成功可以說是建立在土著地權的淪喪上面的。

第三，「番產漢佃」導致平埔族喪失土地。清政府禁止漢人購買番地，但並不禁止土著招徠漢人耕作，坐收大租（番大租）。這種土地租佃關係稱為「番產漢佃」，由於種種原因，如漢佃拖欠拒繳番大租，或番業戶以田地抵押向漢佃借錢，結果往往以土地淪入漢佃手中作結。除此之外，更深層的原因在於土著民族的社會結構與觀念被破壞了，他們與漢人簽約買賣租佃土地，都在漢人的觀念架構裡進行。平埔族「不知算術，不知書記」，原先只有土地共有的觀念，私有地權是受到漢人影響才產生的；一田二主的制度更在生活經驗之外。換句話說，他們與漢人之間的交涉是根據漢人規則來進行的，這樣的「遊戲」，贏家自然非漢人莫屬。不過，並非所有的平埔族都喪失土地，有的是子孫漢化了，於是顯得土地是握在漢人手裡。

平埔族大都漢化了，這是就文化與語言而言。其實不少漢人流著他們的血液。清朝統治台灣，早期禁

止攜眷，男多女少，本地漢人即使有能力成家，也很難找到漢人女子來婚配。俗語說：「有唐山公，無唐山媽」，指的就是在早期移民社會，許多漢人男子娶平埔族女子爲妻的現象。語言學家李壬癸以族譜所記載之祖先遷居地，多與平埔族混雜，因而懷疑自己的祖先可能娶了「平埔媽」！

漢人大量取得平埔族土地之後，產生一種「擠壓」效應，若干平埔族村社往內山與後山（東台灣）遷移，連帶地逼使「番界」不斷往東挪。高山族也受到漢人拓墾浪潮的衝擊。當漢人進逼「番界」時，漢「番」衝突日趨嚴重，清朝政府於是有設隘防番的措施，亦即沿著「番界」設隘（隘寮）。隘是一種武裝的防衛機關，負擔防衛工作的隘丁，通常由平埔族壯丁充任。隘有隘墾，以養隘丁，類似自給自足的屯兵制度。設隘原意在隔離番漢，但設隘後漢佃安全比較有保障，於是「隘設墾隨」，墾戶接踵而至，彷彿設隘是爲了拓墾——以防番爲名，行拓墾之實。除了官隘外，也有墾戶自行設隘，以利開墾。道光年間，台灣北部最大的墾隘組織——金廣福大隘，是個由政府鼓勵而成立的民間防番拓墾組織。

金廣福大隘在新竹北埔，成立於道光十五年(1835)，到光緒十二年(1886)，由於劉銘傳改行「開山撫番」政策，方才撤隘。姜秀鑾，祖籍廣東惠州陸

6.4 **金廣福公館**（一級古蹟） 金廣福文教基金會 提供

6.5 **北埔姜家天水堂**（二級古蹟） 金廣福文教基金會 提供

豐，是金廣福的主導人物。「金廣福」是墾號，用現代話來說，就是開發公司的名稱。清代的墾號或墾戶名稱，表面看來像個人名，其實往往是代號，或幾個合夥人的公號，如張振萬是張達京的墾號，陳和議則由鄭珍、王謨、賴科等人合股組成，並非有叫「陳和議」這樣一個人。金廣福成立時是閩客合資公司，廣代表廣東，福代表福建，金則爲當時習見的公司名號。閩客合資在「分類械鬥」盛行的時代顯得十分特別，不過，金廣福最後還是成爲姜家一族的拓墾事業。金廣福大隘是由數十個隘組成的大防禦線，因此有大隘之稱。姜秀鑾曾統率隘丁，與賽夏族有過大小十餘戰，隘丁墾民傷亡數以百計。由於姜秀鑾的「勇往邁進」，終於開拓了今日北埔、峨眉、寶山一帶「番地」，爲北埔姜家奠下基業。用今天的概念來說，金廣福的拓墾是武裝拓殖。

對照圖表11，我們可以看出北埔在乾隆五十五年(1790)尚遠在「番界」之外。由此可見漢人對「番地」的強大滲透力。新竹北埔的金廣福公館，現在是國家一級古蹟，也是桃竹苗三縣唯一的一級古蹟。在清代，公家與墾戶的辦事處往往稱作公館；今天台灣不少地方留有這樣的地名。金廣福公館之旁是姜家祠堂──天水堂，列爲國家二級古蹟。一牆之隔是姜阿新在一九四六年開工興建，費時三年蓋成的西洋式二

6.6 姜阿新老宅第（今）金廣福文教基金會 提供

6.7 **姜阿新老宅第**
（修復前）
金廣福文教基金會
提供

6.8 **姜阿新老宅第**（修復後）金廣福文教基金會 提供

層樓房。過去該樓房常年失修，破舊不堪。前年經
「金廣福文教基金會」斥資修復，費時十八個月，舊
日風貌遂可得見大概。其建築風格素雅，內部原木雕
飾頗富意趣。現為基金會會址，開放參觀。讀者若訪
北埔，可同時參觀金廣福公館、天水堂，與姜阿新老
宅第，在緬懷漢人拓荒之艱辛之餘，或可重新思考土
地開發與族群問題。

我們很難想像，台灣中北部在三百年前還是一片
草埔，到處「呦呦鹿鳴，食野之苹」。康熙六十年
(1721)藍鼎元經過竹塹埔，「行竟日無人煙」。竹塹
埔指今天新竹市至南坎之間。根據與藍鼎元同時抵台
的黃叔璥的記載，當時大甲溪以北的地區，除了少數
耕地，都是鹿場。然而，在短短的一百年內，「草埔
變水田」，台灣中部一帶，地貌完全改觀。由於漢人
不斷越界私墾，再五十年，靠內山的「禁區」，如埔
里盆地，皆難逃漢人之鐵犁。

埔里盆地舊屬「水沙連」。康熙六十年，藍鼎元
曾深入水沙連一帶內山，造訪了今天的日月潭，寫下
〈記水沙連〉一文。在他筆下，「潭廣八、九里，環
可二、三十里。中間突起一嶼。山青水綠，四顧蒼
茫，竹樹參差，雲飛鳥語；古稱蓬瀛，不是過也」。
土著民族環著島嶼居住，在岸邊架浮田種禾稻，「水
深魚肥」，但捕魚不用魚網，而是「駕蟒甲（獨木

舟），挾弓矢射之，須臾盈筐」。他們與外界聯絡，都
用獨木舟，外人如要拜訪，必須舉火爲信號，由土著
民族以獨木舟相迎，否則到不了。藍鼎元寫道：「武
陵人愳入桃源，余曩者嘗疑其誕；以水沙連觀之，
信彭澤之非欺我也。」因爲到過像桃花源的水沙連，
而感歎陶淵明並沒騙人。可惜桃源總是再尋無路。

　　台灣入清以來，是個迅速成長的移墾社會，但時
間一久，社會逐漸轉型，朝定居社會發展。關於台灣
社會的轉型，學者之間曾經有過「內地化」與「土著
化」的激烈論爭。基本上，「內地化」派著重台灣之
同化於中國內地，「土著化」派則強調台灣漢人移民
對台灣這塊土地的認同。他們各有用來支持己論的指
標，我們無意在此作評泊，更無意含糊地說兩種說法
都對，只是角度不同。有趣的是，兩派都認爲台灣社
會「轉型」了，時間在一八六〇年左右，距離割台四
十年不到。台灣的開發各地先後不同，土著民族與清
政府的關係也各異，若說一八六〇年全台步調一致，
都內地化或土著化了，似乎說不太過去。倒是士紳階
層逐漸成形，值得注意。

　　台灣原爲移墾社會，士紳階層薄弱，地方爲豪強
所控制。台灣早期的大族，大多以土地或商業起家，
或兩者兼而有之。然而，隨著移墾社會的轉型，經由
科舉功名取得社會領導地位的士紳階層逐漸出現。由

於台灣各地開發先後不一致，士紳階層的出現時期也不一致，大致來說以南部爲先，中部、北部次之，東海岸一直到割台都未見士紳階層之形成。台灣有名的霧峰林家，走的是一條由地方豪強轉變爲士紳階級的路。可惜，這個路程頗爲曲折漫長，等到霧峰林家好不容易蛻變爲傳統中國社會的士紳時，卻「變天」了──清廷將台灣割讓給日本。雖然如此，霧峰林家在日本統治時代，卻也多少擔負起傳統士紳的社會與文化責任。

## 基本參考資料

藍鼎元，《東征集》〔台灣文獻叢刊第十二種〕（台北：台灣銀行經濟研究室，排版標點本，1958）。

李國祁，〈清代台灣社會的轉型〉，《中華學報》第五卷二期（1978年7月），頁131-159。

陳其南，〈清代台灣社會的結構變遷〉，《中央研究院民族學研究所集刊》第四十九期（1980年春季／1981年出版），頁115-147。

莊英章、陳運棟，〈晚清台灣北部漢人拓墾形態的演變──以北埔姜家的墾闢事業為例〉，《中央研究院民族學研究專刊》乙種之16（1986年6月），頁1-43。

黃富三，《霧峰林家的興起──從渡海拓荒到封疆大吏（一七二九～一八六四年）》（台北：自立晚報，1987）。

陳秋坤，《清代台灣土著地權》（台北：中央研究院近代史研究所，1994）。

李壬癸，〈從李姓族譜看宜蘭縣民的遷移史和血統〉，《台灣史研究》第二卷第一期（1995年6月），頁176-179。

施添福，〈清代台灣竹塹地區的土牛溝和區域發展〉，收在張炎憲、李筱峰、戴寶村編，《台灣史論文精選》（上），頁157-219。

第七章

改朝換代

　　一八九四年，歲次甲午，中國和日本之間發生
了戰爭，史稱中日甲午戰爭。在這個戰爭
中，致力於自強運動二十餘載的中國被明治維新後的
日本輕易地打敗了。日本一戰而贏，躋身強權之林。
對清廷而言，這是自鴉片戰爭以來，一連串喪權辱國
的外患中的另一重大挫敗。戰敗了，不得不講和，講
和的代價是割地賠款。

　　台灣，這個由鄭成功從荷蘭人手中奪來作爲反清
復明基地的邊陲小島，在一六八四年被清廷收入版
圖，到乙未年(1895)隸屬清廷已兩百餘年，是個以漢
人爲主體的多族群、多語言社會。在中日馬關和談

**7.1 北白川宮能久親王澳底露營照片**　來源：《北白川宮能久親王御遺跡》 1935

中，這個遠離甲午戰火的海外孤島，竟不幸被議定割讓給日本。這是台灣近代悲劇命運的起源。

　　馬關條約於一八九五年四月十七日在日本本州下關（又稱馬關）簽訂。下關和九州的門司對望，是當時九州通往東京必經之地。我們都知道，清廷派了李鴻章為全權大臣，赴日談和，日方全權辦理大臣則為伊藤博文。李鴻章是直隸總督兼北洋大臣，權傾一時，有如一國之宰相（清朝制度上未設宰相），伊藤博文則是明治維新功臣，也是當時的內閣總理大臣，兩造旗鼓相當。出身長洲藩的伊藤博文選定下關最有名的旅館春帆樓

**7.2 春帆樓舊影**
來源：《割烹旅館下關春帆樓》

**7.3 春帆樓今影**　來源：《割烹旅館下關春帆樓》

7.4 下關「日清講和記念館」
周婉窈 拍攝

7.5 「日清講和記念館」
展示的李鴻章談判座椅
周婉窈 拍攝

為和談地點。百年後，滄海桑田，春帆樓依然繼續營業，是下關昂貴的「史蹟旅館」。只是當時的樓房亭閣已毀於二次大戰，現在的亮麗的黃瓦建築是十餘年前新蓋的。春帆樓入口右側有一「日清講和記念館」，保存和談時的桌椅器物，供人參觀。

　　一九○二年倡議新式教育的清臣吳汝綸訪問日本，考察教育，途次下關，日人請題榜，吳汝綸提筆揮洒，寫下「傷心之地」四大字，一時報紙轟傳以為名筆。今人或許還能想像吳汝綸下筆時心情的沈重。去年六月，我趁研究之便，走訪下關，在「日清講和記念館」看到一隊台灣來的旅行團魚貫走出紀念館，人人一臉茫然，彷彿不知如何去感覺。這不是這一小隊人的問題。我想，我們今天的確面臨如何去感覺過去，如何看待過去的問題。一個對於歷史無所感的人群，大約創造不出能讓後人感動的歷史吧？

　　我們都知道，割台之議傳到台灣，台灣官民群起反對，輿論沸騰。和約簽訂後，台人更是憤激至極。台灣官紳為求保住台灣，不惜以利權謀誘列強支援，但一切徒然。台灣紳民為求扭轉乾坤，最後的一線希望是訴諸「公法」，爭取國際同情，於是在五月二十三日宣布成立「台灣民主國」，推舉台灣巡撫唐景崧為總統，年號永清，以「藍地黃虎旗」為國旗。「台灣民主國」是亞洲第一個共和國，唐景崧以台灣民主

國總統之名義向全台紳民發布公告，云：「即日議定，改台灣為民主之國。國中一切新政，應即先立議院，公舉議員。」儼然有建立近代議會政治之慨。不過，台灣民主國之建立原是權宜之計，所以唐景崧接著又說：「（台灣）今雖自立為國，感念列聖舊恩，仍應恭奉正朔，遙作屏藩，氣脈相通，無異中土。」唐景崧以黑旗將軍劉永福為「台灣民主國大將軍」，部署新局。由於清廷已下令台灣大小文武官員內渡，留任者只剩少數幾位。

**7.6 日軍入駐清布政使衙門** 來源：《北白川宮能久親王御遺跡》 1935

　　日本透過和約取得台灣，但實際「領有」台灣全島的過程並不順利，前後花了約五個月。一八九五年五月二十四日甫被任命爲台灣總督兼軍務司令官的海軍大將樺山資紀率領總督府文武官員搭乘「橫濱號」從宇品港出發，南下接收台灣和附屬島嶼。日本爲達成領有台灣之目的，派近衛師團來台，該師團於五月二十九日自澳底登陸；混成第四旅團於七月中亦陸續抵台增援。另外，比志島混成支隊則早在三月二十四日，中日尚在談判中，就已佔領澎湖。

　　日本武力領有台灣，遭遇台灣人民頑強的抵抗。過去在戒嚴時期，日本殖民時代歷史偏重早期的武裝抗日運動，近年來台灣史研究蔚爲風潮，各式各樣的題目都有人在研究，官方色彩的「抗日史觀」已不再時興。今天我們知道，日本領台之初，有主動和日本人合作的，也有掛起「日本明治君作主」的旗號的。台灣人顯然並非團結一致對抗日軍。不過，不管台灣內部的族群、宗教「分類」情況如何，不管有多少紳商和日軍合作，台灣到處都有民眾奮起抵抗日軍，死傷無數，血流成河，這倒是無法抹殺。今天，不論我們對後來的日本殖民統治抱持怎樣的評價，是不能忽略先民曾經群起抵抗外敵入侵的事實。

　　抵抗外侮是民族精神的根基。當割台的消息傳來，台灣民眾憑著他們素樸的保衛鄉土的觀念，以傳

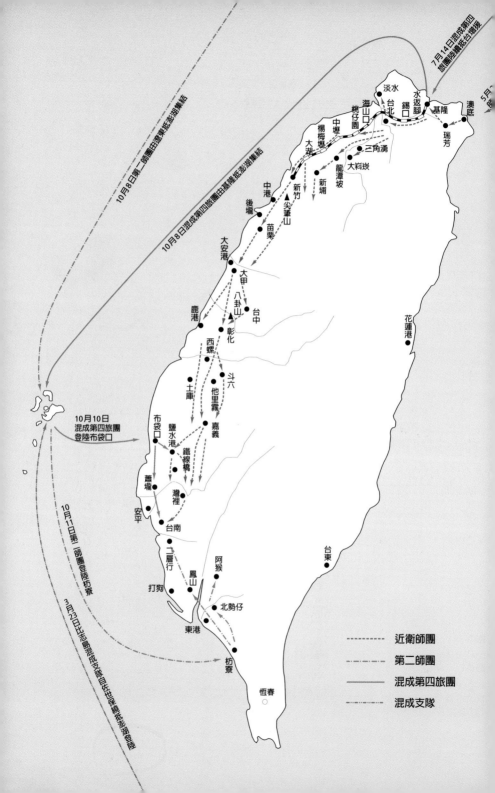

淡水
水返腳
錫口
台北
海山口
桃仔園
中壢
楊梅壢
大湖
三角湧
大料崁
龍潭坡
新埔
新竹
尖筆山
中港
後壠
苗栗
大安港
大甲
八卦山
台中
鹿港
彰化
西螺
斗六
土庫
他里霧
布袋口
鹽水港
嘉義
鐵線橋
蕭壠
灣裡
安平
台南
二層行
打狗
鳳山
阿猴
北勢仔
東港
枋寮
恆春

基隆
澳底
瑞芳

花蓮港

台東

7月14日混成第四旅團陸續抵台灣線

5月底

10月8日第一師團由澎湖抵彭湖集結

10月8日混成第四旅團由基隆抵彭湖集結

10月10日混成第四旅團登陸布袋口

10月11日第一師團登陸枋寮

3月23日比志島混成支隊自佐世保繼續抵澎湖登陸

- - - - 近衛師團
— · — · — 第二師團
———— 混成第四旅團
- · - · - · 混成支隊

統武器對抗近代式軍隊,雖然「愚不可及」,卻正是一個民族追求獨立自主的精神所在。反過來說,開城門迎敵者,如果得到社會的肯定、甚至豔羨的話,這樣的民族在面對未來的危機時,其且將不戰而降,或可逆料。

7.7 胸前掛勳章的辜顯榮　來源:《辜顯榮翁傳》 1939

　　六月三日日軍攻陷基隆。四日，唐景崧倉皇內渡。六日，出身鹿港的小人物辜顯榮與日軍接洽，表示台北城民盼望日軍到來，自請為嚮導。不旋踵，受李春生等紳商和外僑之託的外國人，亦前來表達迎接入城之意。六月七日，近衛師團兵臨台北城下，不戰而進駐台北城。六月十七日，樺山資紀在原巡撫衙門廣場舉行「始政式」，台灣於焉正式「改朝換代」。在未來的半個世紀，六月十七日是重要節日——「始政紀念日」，依例都舉行隆重的慶祝儀式。

7.8 **劉大將軍擒獲倭督樺山斬首全圖**（想像中的勝利）　來源：James W. Davidson 1903

　　先前，一八九五年五月中，台灣紳民曾發表「台
民布告」，自矢「願人人戰死而失台，決不拱手而讓
台」。雖然領導者如丘逢甲、林朝棟、林維源等士紳
相繼棄台而去，一些地方官、將領和無數庶民，倒是
做到了寧死勿降，「與台存亡」，爲孤島寫下可歌可
泣的抗敵史篇。日軍從台北往南推進時，沿路遭遇抗
日軍的奮勇抵抗，雙方在大嵙崁（大溪）、三角湧
（三峽）、新竹、苗栗、彰化、斗六、嘉義等地都發生
激戰。其中八卦山之役，抗日軍以寡敵眾，戰況慘
烈，全台義軍統領吳湯興、黑旗軍統領吳彭年皆死於
是役，然日軍亦兵疲馬倦，暫停南進；大莆林（大林）
之役，義軍大敗日軍，奪回失地，是「日清開戰以來
未曾有之事」，一時人心大振。由於篇幅有限，無法
一一細述先民乙未抗日之經過。約而言之，中部抗
戰，以台灣府知府黎景嵩的新楚軍和義軍爲主，南部
抗日則以劉永福的黑旗軍爲主，義軍爲輔。日軍以優
良的現代裝備，要費四個月的時間才從台北打到台南
一帶，台灣人民反抗的激烈，讀者可想見一斑。

　　近衛師團除了遭遇抗日軍頑強的抵抗外，也苦於
台灣的「瘴病」，戰鬥力大減。十月，日軍援兵續
至，混成第四旅團於十月十日在布袋口登陸，第二師
團於十月十一日登陸枋寮。日軍南北中三面夾攻，十
月中旬，三路人馬對台南城形成圍攻之勢。十九日深

夜，南部抗日靈魂人物劉永福率舊部易裝棄台而去，次日抵達廈門。二十一日，英國傳教士巴克禮與宋忠堅受台南紳商之託，前往迎引日軍入城，日軍於是「和平」進駐台南城，完成全島之佔領。

　　簡言之，全台除台北台南兩城不戰而降外，各地（後山除外）都曾激烈抵抗日軍之入侵，死傷無數。對於引導日軍入城一事，向有可免生靈塗炭的說辭。從結果上來說，也許是對的。但開城迎敵，係出於佛陀大慈大悲之精神，還是心繫個人身家性命？甚或是賭徒之大膽一博？文獻不足徵，不敢臆斷。不過，從這些人事後坦然接受新朝之餽贈酬報且與之密切「協力」來看，其宗教性之闕如，大約可確定。台灣改朝換代之際，無數無名小卒因奮起禦敵而身首異處，爲後代所遺忘。相對之下，引導日軍入台北城的的辜顯榮，卻一躍而爲台灣名流，一生榮華富貴，還蔭及子孫數代。君不見，辜家仍是台灣領風騷之家族。知史者，唯有感嘆歷史充滿反諷。

　　一個民族要能存續，必要有強韌的獨立自主的意志。這是爲什麼世界上許多國家都把抵抗外侮的人當成民族英雄；反之，它們唾棄和敵人合作的人。否則，當國家面臨生死存亡關頭時，唯有投降一途了。貶斥勢利，尊崇氣節，關係民族大業與風俗之厚薄。沒有人願意見到：當台灣受到外敵侵略時，眾人爭相

開城迎敵吧？南洋有句俗諺說：「當應該低頭走路的人，昂首闊步時，山河是要崩壞的。」台灣社會風氣之澆漓，是否和我們善於遺忘過去，卻習慣豔羨非其道而羅致富貴者有關呢？是耶？非耶？

**基本參考資料**

黃玉齋，〈台灣初期抗日史略〉，《台灣文獻》第二十二卷第四期（1971年12月），頁61-90。

劉公木，〈乙未年台胞抗日史略〉，《台灣文獻》第二十四卷第三期（1973年9月），頁122-183。

金前成，〈台灣省乙未抗日之役〉，《台灣文獻》第二十八卷第一期(1977年3月)，頁144-152。

翁佳音，《台灣漢人武裝抗日史研究──一八九五～一九○二》（台北：國立台灣大學出版委員會，1986）。

翁佳音，〈府城教會報所見日本領台前後歷史像〉，《台灣風物》第四十一卷第三期（1991年9月），頁83-100。

黃秀政，《台灣割讓與乙未抗日運動》（台北：台灣商務印書館，1992）。

黃昭堂著、廖為智譯，《台灣民主國之研究》（台北：現代學術研究基金會，1993）。

第八章

# 兩大反抗事件

　　一八九五年十一月，日軍號稱「全台悉予平定」。實際上，台灣人民繼續「蜂起」。漢人系的武裝抗日活動一直要到一九一五年的「噍吧哖」事件被敉平後，才告眞正落幕。

　　台灣政權轉換之際，上層士紳（進士、舉人）和富商頗多倉皇內渡，各地也出現一些「迎接日軍」者，全台並未能同仇敵愾，一致對外。雖然如此，乙未戰役仍然不失爲全階層、全民性的保衛鄉土之戰。根據研究，乙未戰役的領導層中，除清官吏外，台人以生員、豪商、大地主、地方豪強和頭人爲主，部眾則包括正規軍、民軍、私丁、村民，甚至老弱婦孺。

　　乙未到一九〇二年，台灣各地武裝抗日不斷蜂起。一九〇二年後到一九一五年爲止，抗日運動轉趨局部，以「陰謀事件」爲主。在這兩期抗日活動裡，士紳階層已不再是主導者。一九二〇和三〇年代，台灣的政治社會運動是由少數舊時代士紳和新興知識分子所領導，與武裝抗日之間產生斷層現象。在武裝抗日事件中，讓我們來看看噍吧哖事件和霧社事件。前者是漢人最後一次、規模甚大的抗日革命，後者則爲土著民族最後也是最慘烈的起義。

　　噍吧哖事件又稱余清芳革命事件，或西來庵事件。余清芳是此一事件的領導者，但話必須分三頭來說，因爲這個「陰謀事件」主要是由余清芳、羅俊和

**8.1 余清芳**
來源：《台灣匪亂小史》
1920

**8.2 羅俊**
來源：《台灣匪亂小史》
1920

江定三股力量匯合而成的。

割台時，余清芳年方十七，曾加入抗日義軍，後來當了台南廳的巡查補，前後八年。一九〇四年辭職，出入台南廳下各地齋堂，勸誘信徒反日。曾被當局送往「浮浪者收容所」，管訓約三年。獲釋後，以西來庵爲基地，暗中從事抗日運動。信衆尊稱他爲「余先生」，或傳說他是具有神力的皇帝，或相信他是皇帝的中介者。當時傳說「皇帝」手長過膝，耳長及肩。

羅俊，原名賴秀（學名賴俊卿），生在他里霧（今斗南），曾教過書塾，學過醫，會看地理。割台後參加抗日義軍，事敗後西渡中國，間曾潛返台灣，然而家破人亡，遂再度西渡，曾遊中南半島，最後棲隱於福建天柱岩寺廟，然抗日之志，未嘗或忘。一九一四年年底，羅俊潛返台灣，時年屆花甲，在台中、彰化一帶利用舊有的人脈關係，從事活動。羅俊以法力相號召，教信衆祭祀玉皇大帝和九天玄女，宣稱習得符法，即能避刀彈，並稱將從中國請來一名和尚和一名紅鬍姑，來教台人隱身術。由於相信法力，羅俊及其附從者都未準備武器。

江定，台南人，割台後曾率義民抗日，打游擊戰，後退入山中。一九○一年，日警曾圍剿江定於新化南里庄湖底，誤以為江定已遭擊斃。實則江定已然脫走，嗣後聚眾深居山中十餘年，自成一國。

**8.3 江定**
來源：《台灣匪亂小史》
1920

一九一五年舊曆二月，羅俊偕同三名同志前往台南會見余清芳。余清芳告訴羅俊，他持有一寶劍，僅拔三寸即可斃敵三萬，擬發動革命驅逐日人。兩人相見恨晚，遂約定秋間一起起義，舉事前由羅俊負責中北部，余清芳負責南部，招募黨員。另一方面，江定也曾與余清芳會面，約定起事時下山殺敵，以余清芳為主，自願居副。

**8.4 西來庵** 來源：《台灣匪亂小史》 1920

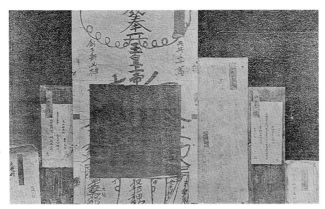

**8.5 西來庵神符**　來源：《台灣匪亂小史》1920

　　可惜，五、六月間，起義之事尚在連絡階段，就被日本警方發現，相關人物陸續被捕，羅俊變容逃亡。余清芳得知事發，攜帶募得之軍資，逃入山中與江定會合。日方到處張貼三人圖像，懸賞捕人。六月二十九日，羅俊被捕。江定、余清芳和革命黨人藏居嘉義、台南和阿緱三廳交界的後掘仔山中，日警圍剿無所獲。七月余清芳率眾襲擊甲仙埔支廳，日方警民死傷頗多。八月三日，襲擊噍吧哖支廳轄下南庄派出所，滅敵後轉攻噍吧哖，和日警以及來援的日軍展開殊死戰。余軍苦戰三天三夜，終於不敵，於六日傍晚退入山谷，死亡約三百餘名，被捕不計其數。

　　余清芳敗走後，日方出於報復心理，設計屠殺噍吧哖壯丁，傳聞被殺者有數千人之多，是為「噍吧哖慘案」。八月二十二日，余清芳和數名同志誤入警方

和村民設計之陷阱，終於落網。江定的部下在日警
誘降下，陸續自首，江定亦於翌年四月末下山自
首，但當局違背不予處分之承諾，旋於五月十八日
逮捕江定等人二百餘名，送法院受審。

此案最引人注意的是，余清芳被捕後，台南臨
時法院引用「匪徒刑罰令」審理，被告達一千九百
五十七名，兩個月後宣判結果：死刑八百六十六
名，有期徒刑四百五十三名，行政處分和不起訴五
百四十四名，無罪八十六名，其他八名。此一判決
引起日本國內輿論和日本國會的嚴厲批評，該年十
一月，台灣總督藉大赦令宣佈減刑，死刑改爲無期
徒刑，其餘減刑一等，但當時已有九十五名執行死

8.6 噍吧哖事件被告從台南監獄到臨時法庭出庭景象　來源：《台灣匪亂小史》1920

刑完畢。江定等人的案件在第二年七月宣判，江定等三十七名被判死刑，九月在台南監獄接受絞刑。

　　噍吧哖事件，已經被現代人遺忘殆盡。雖然遺址、紀念碑還在，但乏人問津，任憑荒草斜陽。我們今天回頭看此一事件，自然無法稱頌其中的「皇帝」觀念和符法、寶劍等迷信，並且也會爲他們搞革命卻「不要武器」的想法，感到不可思議，爲之扼腕嘆息。雖然如此，在迷信和愚昧底下，是否毫無令吾人深思之處呢？由於研究闕如，余、羅、江等人謀反的社會經濟因素，我們並不清楚。羅俊以批評日本政府之苛稅苛政勸誘黨人，但此一指控與現實不太吻合，能否

8.7 噍吧哖事件抗日烈士碑與忠魂塔（在台南縣南化鄉）
　　彭裕峰 拍攝

8.8 抗日烈士余清芳紀念碑（在台南縣玉井鄉）　　彭裕峰 拍攝

以此吸收黨員，是一大疑問。倒是余、羅、江都曾參加乙未割台後的戰役，三人之謀反或爲鄉土保衛戰之遺緒，也未可知。羅俊接受審訊時，最後說：「一切均已招供矣，余承認此次確已大事失敗！立誓再生必達此目的焉！」出語豪壯，不愧爲革命領導者。

　　比起噍吧哖事件遭後人遺忘，一九三〇年的霧社事件，可就幸運多了，有關的中、日文作品不少。如果噍吧哖事件是傳統的下階層反亂，了無新義，霧社事件可就多采多姿，充滿殖民者與被殖民者間的「恩怨情仇」，況且起事者又是向以勇猛著稱的泰雅族人。

　　霧社事件的起因，由於起義的一方或死或逃，在歷史的舞臺上失去發言權，根據日本政軍警資料的綜合分析，約可從三方面討論之：一、勞役剝削問題，二、高山族與日人婚姻問題，三、馬赫坡社頭目的不滿。

　　勞役問題可以說是霧社事件的近因。事件發生前，霧社一地的高山族被動員從事多項勞役，大都爲建築、修繕工事。勞役過重，接連不斷，警方威逼濫使，怨聲載道。勞役即使有償，也常遠低於應得之資。再者，高山族雖習慣預支薪資，卻不善計算，警方帳目不清，或存心欺騙，引起高山族不滿。事件發生時的霧社小學校寄宿宿舍建築工事，動員了泰雅族

霧社群諸社和其他社群，拖運木材，由於途中常須借
宿他社，製造彼此接觸、串連的機會，遂能化激憤的
群情爲共同行動。

高山族與日人婚姻問題，是指高山族婦女嫁給日
本警察所滋生出來的問題。日本領台之初，爲了了解

8.9 近藤巡查與莫那‧魯道之妹的合照
來源：佐藤政藏編 1931

8.10 佐塚愛祐與內緣妻家庭照
來源：鄧相揚 1990

「蕃情」，以利統治，鼓勵警察娶各社頭目或有地位者之女兒為妻。這些警察往往在「內地」（日本本土）已有妻子，因此就近而娶的高山族妻子就成為「內緣妻」──法律不承認，但有婚姻之實的妻子。此類結合難得善終，女方常被拋棄。領導霧社事件的馬赫坡社頭目莫那‧魯道的妹妹，也嫁了日本巡查近藤儀三郎，數年後丈夫因故行蹤不明。貴為頭目之女，竟遭人拋棄，族人莫不憤恨。霧社最高權力者是警察單位霧社分室主任。當時的主任佐塚愛佑警部娶了白狗群馬希托巴翁社頭目之女，也是位泰雅族女婿。（白狗群在事件發生後站在官方這邊。）佐塚在事件中遭難，有一半泰雅族血統的女兒佐塚佐和子，日後在日本成為名歌手，此又是後話。

要說霧社事件，不能不提莫那‧魯道。要提莫那‧魯道，非得說明當時霧社的族群分類。霧社分室所管轄的原住民分為四大部族：土魯閣群、道澤群、霧社群，與萬大群，皆屬泰雅族。各群由若干社組成，霧社群共十一社，一起舉事的有八社，三社未參與。馬赫坡社即是帶頭的一社。據官方之描述，馬赫坡社之頭目莫那‧魯道「性慓悍、體軀長大、擅長戰術。勢大，霧社諸社中無出其右者。」然而，莫那‧魯道和官方捍格不入，頗多過節。前面提過，莫那‧魯道的妹妹嫁了日本警察，卻遭遺棄。莫那‧魯道曾

8.11 馬赫坡頭目莫那・魯道（中）與同社勢力者（左）、布卡珊社頭目（右）
　　合影　來源：佐藤政藏編 1931

兩度和他社計畫謀反，皆被告發，未成。此外還有一
些摩擦，不過最直接的導火線是，一九三○年十月七
日上午，日本巡查吉村克己等人經過莫那・魯道家門
口，當時莫那・魯道家正為社中一對男女舉行婚宴，
吉村等人入內參觀。莫那・魯道的長男塔達歐・莫那

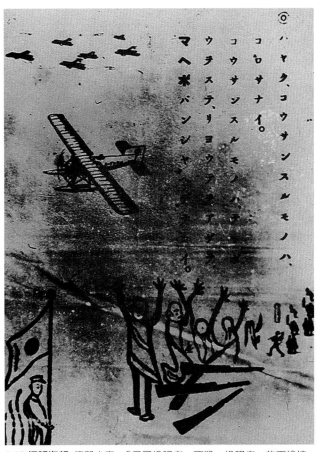

**8.12 招降海報** 傳單內容：「早日投降者，不殺。投降者，放下槍枝、
　　舉起雙手、向馬赫坡番社出來吧！」　　來源：鄧相揚　1990

**3.13 鹽月桃甫繪「母」**
說明：母親懷抱幼兒與子女在砲火煙硝中逃難
　　──這是鹽月桃甫以霧社事件為背景的繪畫。
第六回台展西洋畫第六十號 1932／王淑津 提供

拉住吉村的手，強拉他入宴，誰知吉村嫌酒宴不乾淨，雙方執拗間，吉村竟然用手杖打塔達歐‧莫那的手。在塔達歐‧莫那，這是莫大的侮辱，於是毆打吉村。事後，莫那‧魯道屢次到駐在所請求官方予以穩當的處置，但遲遲不見處理。莫那‧魯道擔心受到嚴懲，損害身為頭目的威望，也擔心地位被取代，因此利用眾人對勞役之高度不滿，決定舉事。他社頗有附和者。

舉事的日子訂在十月二十七日，該日是霧社每年舉行盛會的大日子，分室轄下的十個學校和教育所，集合在霧社公學校舉行學藝會、展覽會和聯合運動會。來參加的日本人不下二百餘人，郡守依例蒞臨指導，這是為什麼霧社事件發生時，能高郡郡守赫然在死亡之列。舉事的霧社群族人在當日

清晨分路襲擊各駐在所（派出所），並在八時左右襲擊霧社公學校觀禮的警察和民眾。公學校運動場，一時血肉飛濺，變成慘絕人寰的修羅場。逃到校長宿舍避難的日本人婦女孩童被圍殺殆盡，三位倖存者躲在死人堆裡，熬過兩天兩夜後方才獲救。據事後統計，各地日方死亡人數總共一百三十九人（男八十六名，女五十三名）。

霧社群族人雖然一時取得勝利，但等官方的軍警援助到臨時，便很難抵擋得住。限於篇幅，無法細述日軍警圍剿起義的霧社諸社族人的經過，簡言之，日方軍、警救援和討伐行動於十月二十八日開始，到十二月二十六日才告結束，前後幾乎花了兩個月。起義的霧社六社，戰死、自殺、病死和燒死共六百四十四名，內男三百三十二名，女三百一十二名。至今我們還可以從照片上看到吊死樹上的原住民婦女，狀極慘怖。莫那‧魯道在逃亡過程中自決身亡，兩個兒子一戰死，一自縊。此一事件，雙方婦女兒童死亡甚多，舉家罹難者不在少數。兩軍作戰，自古以不殃及婦孺為正道。於此，吾人能不悚然自驚？

日軍警的征討起義泰雅族，有兩件事值得在此附加一筆。首先是，當時盛傳日方在征討過程中使用了國際禁用的毒瓦斯。此事真相如何，學者間莫衷一是，有待進一步研究。其次，日方軍警討伐過程中，

得力於「味方番」甚多。所謂「味方」就是友好同盟的意思，也就是利用和官方關係友好的高山族來圍剿起義的高山族。我們如何了解過去的族群關係，從中體會互信互助的相處之道，似乎是研究台灣歷史應蓄於心的。

8.14 花岡一郎
　來源：佐藤政藏編 1931

8.15 花岡二郎
　來源：佐藤政藏編 1931

8.16 川野花子（右）與高山初子（左）合影
　　來源：佐藤政藏編 1931

　　最後，讀者或會問：怎麼沒一語提及重要人物花岡一郎和花岡二郎呢？花岡兩人出身霧社群荷歌社，是結義兄弟，沒有血緣關係，在共學制度實施後，都進入日本人上的埔里小學校唸書。一郎卒業於台中師範學校，就任巡查一職，二郎則在高等小學校畢業後擔任警手（地位次於巡查）。兩人分別娶了同社姑娘川野花子和高山初子。初子是荷歌社頭目的女兒，花子則是頭目妹妹的女兒，兩人同樣在埔里小學校唸過書。這樣的學歷和婚配，應該是人人豔羨的幸運兒。在照片上，穿制服的二位花岡與穿和服的花子、初子，活像日本人。究實而言，他們的確是日本人造就出來的高度日化的原住民。一郎據說對被派任巡查，感到不愉快──他原可當教師。但二郎似乎未曾流露對官方的不滿。我們不知道他們是否事前得知謀反一事，但根據後來的調查報告，事發後，一郎顯然多少有所參與。一郎夫婦與二郎，最後都自殺了。一郎宿舍牆壁上貼有一紙遺書，係毛筆揮灑而成，據說出自二郎之手，文曰：

　　　　花岡兩人、吾等不得不告別人世。蕃人之公憤，蓋因勞役過多方才引發此一事件。吾等亦為蕃人所捕，不知如何是好。昭和五年十月二十七日上午九時，由於蕃人守住各方，郡守以下職員全部死於公學校。

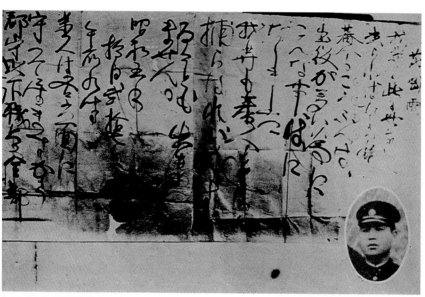

**8.17 花岡二郎題壁遺書**　來源：佐藤政藏編 1931

　　一郎自殺前用鉛筆寫了寥寥數語：「花岡、在責任上，越考慮越覺得非如此做不行。在這裡的是全部的家人。」一郎夫婦帶著一個月大的兒子自殺。

　　高度日化的泰雅人，看到自己的同胞奮起反日，當下的心情是如何？花岡二人即使沒參與舉事，最終還是選擇了和族人一起自殺。從他們的遺言中，我們似乎可以感受到一種深沈的無奈——既不得不忠於自己的族群，又感到必須對日本人表白什麼似的。

　　花岡兄弟，仍是個謎。我們對噍吧哖和霧社事件的認識，還很浮面。但願我們對曾在這塊土地上發生過的事情，有比較深刻的了解！

**8.18 捧著亡父骨灰與佩劍的佐塚佐和子**
　　鄧相揚 提供

**8.19 穿和服的萬大社女子**
　　來源：淺井惠倫攝影／南天書局 1996

8.20 救助日本兒童而獲頒感謝狀的少女　來源：佐藤政藏編 1931

## 基本參考資料

張家鳳，〈噍吧哖慘史〉，《台灣文獻》第二十四卷第三期（1973
　　年9月），頁202-210。

程大學、王詩琅、吳家憲編譯，《余清芳抗日革命案全檔》（台
　　中：臺灣省文獻委員會，1974）。

林衡道主編，《余清芳抗日革命案全檔》第二輯（台中：臺灣
　　省文獻委員會，1975）。

戴國煇編著，《台灣霧社蜂起事件──研究と資料》（東京：社
　　會思想社，1981）。

台灣軍司令部編，《昭和五年台灣蕃地霧社事件史》（東京：中
　　央經濟研究所，1990復刻）

春山明哲編、解說，《台灣霧社事件軍事關係資料》（東京：不
　　二出版，1992）。

第九章

# 殖民地化與近代化

台灣在日本統治下，經歷了殖民地化與近代化的雙重歷史過程。一般而言，殖民地化是十分負面的經驗，近代化則正面的評價居多。這兩者有如大小提琴雙重奏，高低琴音如影隨形，互為起落。如果我們忽略了這種夾纏不清的關係，將無法了解台灣人對日本統治在感受上的複雜和曖昧。

在近代世界殖民史上，常見的是先進工業國家憑藉種種優勢佔領落後地方，使之淪為殖民地，進行政治統治與經濟剝削。作為先進國家的殖民母國，在統治殖民地的過程中，多少引進了近代制度和設施，最具體可見的莫如鐵路、郵政、銀行等基礎設施，農業生產的企業化與科技化也是常見到的。然而，近代化不僅止於經濟交通建設。西方國家在工業化過程中採行的各種制度，包括近代式的國家官僚組織、司法系統、學校教育、人民的政治參與、警察制度等等，也是近代化的重要方面。在近代化國家，國家統治深入社會的末梢，貫串這種種制度背後的最基本精神也

圖表13 日本統治時代台灣總督一覽表

| 日本統治時代台灣總督一覽表 | |
|---|---|
| 姓名 | 就任日期 |
| 1.樺山資紀 | 1896.4.1 |
| 2.桂太郎 | 1896.6.2 |
| 3.乃木希典 | 1896.10.14 |
| 4.兒玉源太郎 | 1898.2.26 |
| 5.佐久間左馬太 | 1906.4.11 |
| 6.安東貞美 | 1915.5.1 |
| 7.明石元二郎 | 1918.6.6 |
| 8.田健治郎 | 1919.10.29 |
| 9.內田嘉吉 | 1923.9.6 |
| 10.伊澤多喜男 | 1924.9.1 |
| 11.上山滿之進 | 1926.7.16 |
| 12.川村竹治 | 1928.6.16 |
| 13.石塚英藏 | 1929.7.30 |
| 14.太田政弘 | 1931.1.16 |
| 15.南弘 | 1932.3.2 |
| 16.中川健藏 | 1932.5.27 |
| 17.小林躋造 | 1936.9.2 |
| 18.長谷川清 | 1940.11.27 |
| 19.安藤利吉 | 1944.12.30 |

9.1 日本領台時的台北火車站　來源:《台灣寫真帖》1908

9.2 一九〇八年左右的台北火車站　來源:《台灣寫真帖》1908

9.3 一八九九年的台北　來源：《台灣銀行二十年誌》1919

9.4 一九一九年的台北　來源：《台灣銀行二十年誌》1919

許是所謂的「合理化」(rationalization)，也就是摒棄
宗教的、巫術的、形上的思維，而以系統的、規律
的、有客觀根據的方式來完成工作的心態。不過，殖
民母國在殖民地所進行的近代化，往往是有選擇的，
以殖民母國利益爲依歸。

9.5 一九一九年的台北　來源：名倉喜作編 1939

　　日本是世界上第一個，也是唯一的亞洲殖民國。
這裡沒辦法對這個特殊的現象多作解釋，簡而言之，
日本在明治維新之後，成功地從傳統的封建社會蛻變
為近代式國家，躋身世界強權之林，打敗中國，先後
取得了台灣和朝鮮，作為其殖民地。除了殖民統治慣
見的經濟剝削外，日本也將台灣建設成日本殖民統治
的「櫥窗」。

　　先談日本統治的近代化一面。如果我們對照日本
明治維新與領有台灣後所施行的各種新制度，可以發
現重疊性很高，除掉人民的政治權利與議會組織外，

9.6 **敕使街道**（今中山北路）　來源：《台北市政二十年史》1940

9.7 **台北橋**（已拆建成水泥橋） 來源：《台北市政二十年史》 1940

9.8 **明治橋**（今中山橋） 來源：《台北市政二十年史》 1940

日本在台灣可以說進行了一場「小型的明治維新」。所欠缺的，正是一九二〇、三〇年代台灣新興知識分子發起「台灣議會設置請願運動」，所亟於爭取的。日本在台灣進行的近代化，範圍很廣，在此我們避開一般習知的經濟建設，把焦點放在風俗改革、教育、司法與建築，希望透過這幾個面向，說明日本統治在台灣所導致的近代化的內涵與意義。

　　日本不是近代化過程的發源地，全世界近代化的源頭只有一個，就是西歐與北美。因此，日本的明治維新，在很大程度上是西化運動──當時的日本人稱爲「文明開化」。日本在台灣推行近代式的統治與建設，固然帶來了許多日本文化的特色，但基本來說，這是一個轉手的「西化」。（最後八年的「皇民化運動」是另一脈絡下的產物。）近代化不是日本化，而是「文明化」，這在殖民當局早期推行的風俗改革，如放足斷髮運動，可以清楚看到。斷髮針對男性，也就是要他們剪掉辮子。放足運動在日語是「解纏足」，一方面鼓勵纏足婦女放足，另一方面勸阻新的纏足。放足斷髮運動頗具成效，一九一〇年代中期可說已達成目標。與斷髮相伴而來的還有

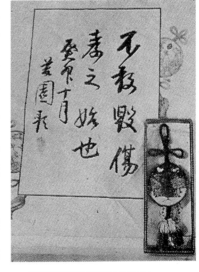

**9.9 兒玉總督所頒的纏足解放章**
來源：鷲巢敦哉 1941

9.10 **纏足解放祝賀式** 來源：鷲巢敦哉 1941

9.11 **纏足學生的課外遊戲** 來源：（台北第三高等女學校）《創立滿三十年記念誌》1933

　　「易服」問題，也就是改變服飾，但不是風俗改革的
重點。易服者一般改穿西服，而非和服。「唐衫」即
使到了一九三〇年代末期，還頗受文人與知識分子的
喜愛，是西服的替換品。殖民當局強調「日本式生活」
是統治末期的事。

　　近代式教育影響台灣人很大。台灣割讓給日本之前，有以科舉爲中心的書塾與學校設施，但未建立新式教育體系。在傳統社會，受教育是少數人的專利。每個人都應受教育，是近代社會的觀念。日本領台伊始，即積極推行小學教育。起初不很順利，但到了一九四四年，台灣學齡兒童就學率高達71.1%，在亞洲可能僅次於日本，在世界大約也排在前頭。普遍教育與近代化息息相關，是傳統社會過渡到近代社會必經之路。台灣近代小學教育傳授新知，傳達理性思維的訊息，具有濃厚的啓蒙色彩，它給台灣社會帶來的衝擊，值得我們深入評估。

9.12 **早期女子上課情景**　來源：（台北第三高等女學校）《創立滿三十年記念誌》 1933

　　對保存台灣歷史記憶功勞甚巨的吳濁流先生，在自傳小說《亞細亞的孤兒》中，對主人翁（他自己）由傳統書房轉學到新式小學的心理震撼，有很生動的描述。主人翁胡太明原先在彭秀才的書房念書，房間借自對面的廟宇。彭秀才抽鴉片，臉龐「蒼白得沒有一絲血色」。書房的學習以背誦為主，雖然胡太明不討厭書房，但在某種因緣下，他改入公學校念書。他發現：「學校裡的氣氛，究竟和私塾不相同，校內朝氣蓬勃，運動場和教室都是那麼寬敞和明亮，使太明頓感眼界為之豁然開朗。」學校也幫他破除了一些迷信──例如說攝影機會把人的靈魂攝去。全校師生心安理得地拍照。在這裡，我們看到新與舊、近代與傳統的強烈對比與斷裂。

　　日本統治台灣五十年，若以世代來分，約有三代人。首先是老一代，割台時已成年，是傳統社會孕育出來的人。其次是乙未新生代，生於割台前後幾年，接受新式教育，但還與舊時代有接觸。最後是戰爭世代，他們在二次大戰期間度過青少年期，大都接受日本式小學教育。吳濁流生於一九○○年，屬於乙未新生代，但他是個大器晚成型的人物，沒參與屬於他的世代的重要政治、社會運動。乙未新生代在舊時代人物（蔡惠如與林獻堂等人）的支持下，主導了台灣議會設置請願運動（1921-1934）。這一代人又且成立台

灣民眾黨、台灣文化協會，以及各種左派組織，為殖
民地台灣寫下多彩多姿的抗議篇章。乙未新生代，無
論立場屬保守、溫和或激烈，都受過新式教育，他們
以近代的意識形態來批判殖民統治，要求權利與參
與，或主張推翻現況（如倡導無產階級革命）。他們
的運動，顯然和余清芳式的革命有根本的不同。雖然
在日本統治中晚期，漢族認同感不斷如縷，但它所起
的作用似乎並不鮮明。

　　就司法制度而言，在清代台灣，人民若犯罪或發
生糾紛，是由知縣（或同知）來裁判。縣老爺身兼行
政長官與法官，民間有「訟師」，但沒有今天的律

**9.13 高等法院**　來源：《台北市政二十年史》1940

師。日本領台不久後，即在台灣設立行使國家司法裁判權的西方式法院制度。法院制度的成立，是台灣邁向近代法治社會的第一步。在此須說明的是，殖民當局在引進近代法律體系時，並非粗暴地立刻全面移植西方觀念，而是根據大規模的「台灣舊慣調查」，採取「舊慣溫存」的做法。所謂舊慣溫存，就是尊重台灣傳統社會的習慣。不過，新的法律對舊慣的尊重是選擇性的。被法院承認為「習慣法」的舊慣，才具有法律效力，但司法當局最終目標在於使舊慣脫胎換骨，符合近代法律的要求。例如，台灣社會蓄妾風氣很盛，法院依舊慣承認夫妾間的婚姻，但卻使離異變得較為容易。這個情況，或可用圖表14來表示；如圖所示，舊慣只一部分與習慣法交集，且有一部分習慣法原非舊慣。台灣女性之擁有離婚權，也在日本統治時代被確立。到日本統治後期，僅親屬繼承事項仍依習慣法，但如田產、借款等事項則已改依日本近代民法典。

**圖表14 具有法律效力之習慣法與舊慣之關係示意圖**
來源：王泰升

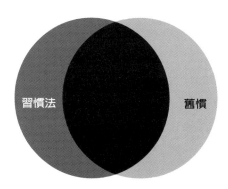

習慣法　　　　舊慣

　　台灣之近代化以西化爲內涵，最具象的表現莫過於殖民地建築。日治時代留下來的建築物，一般人最熟悉的大約是總統府、台北賓館、台大醫院、台灣銀行、省立博物館等等。它們都是西洋式建築。日本殖民當局在台灣興建的建築物，可分爲西洋式與日本式兩種。重要政府機構、中等以上學校、醫院、銀行等，大都爲西洋式。日本式建築約有五類：一、神社，二、觀光名所，三、小學校舍，四、鄉間衙門，五、各類宿舍。（以上只是大致的情況，小學建築也有采西洋風格，少數寺廟，如建功神社，亦爲西洋式。）圖9.15、9.16是日本式建築，圖9.18、9.19、9.20，分別爲台中廳舍、台南廳舍，與花蓮港廳廳舍，從審美的觀點來說，頗爲可觀。二次大戰以前，南美洲、亞洲、非洲的許多地區都淪爲殖民地，它們的城市到今天大都還留有殖民母國的影子。如果說上帝照祂的形象造人，我們也可以說，殖民母國按照自己的形象造殖民地。但是，在這方面日本有些特別。圖9.17是台中市的鳥瞰圖，如果說它是某個西方城市，大約也蒙混得過去吧！顯然日本不是照它自己的形象來造殖民地，而是以西方爲範本。

9.14 **總督官邸及庭園**　來源：篠田治築 1935

9.15 **草山貴賓館**（在今天陽明山） 來源：《台北州要覽》1926

9.16 **高雄神社** 來源：《高雄神社造營誌》1930

9.17 台中市市街中樞地鳥瞰圖　來源：《台中市概況》 1932

9.18 台中廳舍　來源：《台灣統計要覽（大正二年）》 1915

9.19 台南廳舍　來源：《台灣統計要覽（大正二年）》1937

9.20 花蓮港廳廳舍　來源：《台灣地方行政》第三卷十月號 1937

　　殖民地化，指殖民母國透過制度與政策使被殖民者居於次等地位，並成為謀求母國利益的工具。經濟剝削、種族歧視、差別待遇等等，是最通見的情況。日本佔領台灣後，實施各種有利於現代經濟發展的措施，如進行土地調查、統一度量衡與貨幣、設立銀行等。台灣的資本主義發展，受到國家力量的高度保護，因此對勞農階層利益與權益的剝奪相當嚴重。國家保護工商業資本，不必然是殖民地的問題，亦見於一國之內。但在殖民地，由於統治者與資本家往往同屬統治民族，因此資本家的剝削就變成統治民族對被殖民者的經濟壓迫。例如，台灣的糖業在日治時代非常發達，利潤極高，糖業資本幾乎都是日本資本。製糖公司擁有廣大的勞動力（蔗農約當全農家戶數的三分之一），且能單方面決定甘蔗的收購價格，價格與糖價無關，遠低於勞動價值，對蔗農造成極不合理的剝削。日本在台統治的殖民性格於此顯露無遺。

　　差別待遇與種族隔離政策，往往是殖民統治最為人詬病之處。日本統治台灣亦不例外，一般最熟知的差別待遇是同工不同酬，領政府薪水的日本人有多於台灣人五到六成的加薪，例如同樣教書，薪水卻相差過半。在種族問題上，早期實施隔離政策，內（日）台不能通婚，小學階段的教育也採日台雙軌制度──日本人上小學校，台灣人上公學校，涇渭分明。一九

9.21 蔗農與運甘蔗的牛車　來源：（台灣製糖株式會社）《創立拾五週年記念寫真帖》1915

9.22 運送甘蔗的火車（下淡水溪鐵道橋）　來源：（台灣製糖株式會社）《創立拾五週年記念寫真帖》1915

9.23 糖廠　來源：(台灣製糖株式會社)《創立拾五週年記念寫真帖》1915

二○年代初期官方鼓勵日台通婚，小學階段也改行共學制度，但非正式的種族隔離政策繼續存在。台灣兒童要進小學校念書還是不容易，也有限額問題。殖民政府鼓勵台灣兒童就讀小學，以全體入學爲最高目標，但對中等以上的教育就有重重限制，不予鼓勵，流露出明顯的歧視。

無論是薪水也好，念書也好，一條清楚的民族界線橫在那裡，處處提醒被殖民者的身份與地位。基本上，殖民者與被殖民者構成了高下、主從的關係；殖民者的優越感是建立在對被殖民者的矮化上。在這裡，一個精神（意識）層面的問題浮現出來，也就是被殖民者對殖民者的「從屬性」(subjugation)。如果我們說乙從屬於甲（如妻子從屬於丈夫），意謂著甲對乙具有支配力，乙的存在是爲了甲。在這種關係裡，乙失去了自己與主體性。日本對台灣的殖民地化，也在這個層面。

前面我們提過，日治時代小學教育內容是啓蒙的、合乎理性的，但這只是「銅板的一面」，翻過來又是另一番景象。作爲從屬於日本人的台灣人，是沒有自己的，更無庸說自己的過去。上公學校的台灣兒童在教科書中，認識了日本的文化與歷史，但幾乎看不到自己的過去——那微乎其微的台灣歷史，是放在日本的歷史脈絡裡呈現的。他們透過正式學校教育學

習到的國家認同，是日本國家認同；他們有系統讀到的歷史，是日本皇國歷史；他們所認識的鄉土，是沒有過去的鄉土。殖民地人民雖然享有諸般近代制度與設施，卻被剝奪主體性，以殖民者之意識爲意識。以是，台灣人在五十年的近代化與殖民地化的過程中，有理不清的糾結與曖昧。

**基本參考資料**

黃靜嘉，《日據時期之台灣殖民地法制與殖民統治》（台北：自印，1960）。

葉榮鐘等著，《台灣民族運動史》（台北：自立晚報叢書編輯委員會，1971）。

矢內原忠雄著，周憲文譯，《日本帝國主義下之台灣》（台北：帕米爾書店，1987）。

簡炯仁，《台灣民衆黨》（台北：稻鄉出版社，1991）。

吳文星，《日據時期台灣社會領導階層之研究》（台北：正中書局，1992）。

王泰升，〈台灣日治時期的司法改革〉（上）、（下），《國立台灣大學法學論叢》第二十四卷第二期（1995年6月）、第二十六卷第一期（1996年10月），頁1-46、1-25。

陳昭如，〈離婚的權利史──台灣女性離婚權的建立及其意義〉（國立台灣大學法律研究所碩士論文，1997）。

第十章

# 戰爭下的台灣

近年來，新聞媒體關於「台籍日本兵」的報導不少。今年夏天台北市政府竟也舉辦一場「台灣人的戰爭展」，以紀念「終戰」五十二週年。一九四五年八月十五日，日本天皇透過廣播（時稱「玉音放送」）向日本帝國子民宣佈戰爭結束。死傷無數，很難再撐下去的戰爭終於結束了，當時不少日本人民跪在皇宮二重橋前的廣場，悲泣不能自己。記錄這一景象的舊照片，到現在還常出現在日本的報章書籍。台灣人那一刹那的感受又如何呢？——興奮？傷感？還是若有所失？這是個很難回答的問題。即使半個世紀過去了，到底八月十五日是怎樣的一個日子，應稱作什麼？都還讓人頭痛。（「光復」嚴格來說，是十月二十五日；「終戰」又是純日本用語，就算意思對，也還顯得十足偷懶。）

**10.1 二重橋前天皇出巡圖**
來源：《公學校修身書（兒童用）》卷二　1914

10.2 台灣農業義勇團團旗授與式（在今總統府前） 來源：《台灣教育》第431期 1938

10.3 桃園郡役所的偽裝 說明：這是中日戰爭開始前三年的演習，可見殖民當局注重平日之準備。 來源：《昭和九年台灣軍特種演習寫真帖》 1934

　　年輕的讀者可能對「台籍日本兵」感到陌生。
台籍日本兵是個籠統的概括性說法，指從一九三七年
秋天到一九四五年八月間，以各種方式加入日本軍隊
的台灣人，他們不全然是正規軍人，實則大多數是所
謂的「軍屬」（軍中雇員）。他們當中有軍夫、翻譯員
（通辯、通譯）、軍醫、巡察補、護士、護士助手等。
由於很難以軍人指稱全體，但他們又都加入戰爭的行
列，穿軍服，過軍隊生活，所以通稱爲「兵」。

　　日本統治當局對台灣人的軍事動員始於一九三七
年秋天。我們知道，該年七月七日，日本發動蘆溝橋
事變，引發中日兩國的戰爭，史稱第二次中日戰爭。
事變之後，日本軍隊攻佔華中，台灣軍參與戰爭，要
求台灣供應軍夫，於是而有軍夫的徵雇。須說明的
是，所謂台灣軍是日本人的軍隊，司令部在台灣，就
像關東軍是駐在中國東北的日本軍隊一樣。早期的軍
夫被派遣到中國華中一帶，擔任軍中雜役，如搬運、
開路、種菜等工作。他們不是武裝軍人。約與軍夫同
時徵雇的有軍中翻譯員，也不是正規軍人。日本在台
殖民政府眞正開始動員台灣人以正規軍人身份到前線
作戰，始於一九四二年的「志願兵」制度。這個制度
的背景是什麼呢？這就必須先了解戰爭下殖民當局在
台灣推行的「皇民化運動」。

　　皇民化運動，就字面的意思來說，是要把殖民地

人民改造成「天皇的子民」，或「皇國的臣民」，也就
是天皇制度下的日本人。換個直接的講法，就是要殖
民地人民（台灣人、韓國人等）成為「真正的日本
人」。皇民化運動在性質上是極端的同化主義，在實
際需要上則是日本帝國戰爭動員的一環。也就是說，
要改造台灣人為真正的日本人，是配合戰爭的需要。
日本於一九三七年侵略中國，引發中日戰爭，嗣後擴
大為太平洋戰爭，這個戰爭的規模與戰區的迅速延
伸，不是日本本土的人力與資源所能負荷的，因此必
須動員殖民地的人民與資源；要動員殖民地，又非得
有殖民地人民對殖民母國不可置疑的忠誠為後盾不
行。因此不得不加強皇民教育，倡導皇民化。

　　皇民化運動在台灣約始於一九三六年年底，終於
日本戰敗投降，席捲日本統治最後八年的台灣社會。
皇民化運動的主要項目有：一、國語運動，二、改姓
名，三、志願兵制度，四、宗教、社會風俗改革。
「國語」在當時指日語；國語運動的終極目標在使所
有的台灣人都能講日語。殖民政府為推行日語，針對
教育程度低或失學的人口，在各地設立校外的日語講
習所；以高教育階層為對象，則有所謂的「國語家庭」
的表揚、獎勵辦法。國語運動在性質上具強烈的排它
性，壓抑、甚且禁止方言（閩南語、客家話、原住民
諸語言）。推行的結果是，能講日語的人口大量增

加，根據統計，一九四〇年台灣「解日語者」高達百分之五十一（實際情況或應打大折扣）。「國語家庭」據估計，或許占全戶數的百分之一左右。

改姓名是透過法定的手續將漢式姓名（土著民族則爲片假名音譯）改爲日本式的姓名。例如，簡朗山改爲「綠野竹二郎」。台灣人原先除非透過入養日本人家庭之類的方式，否則無法在戶籍上改用日本式姓名。一九四〇年二月一日，台灣總督府公佈改姓名辦法，「打開〔台灣人〕姓名變更之途」。改姓名以戶爲單位，須由戶長提出，一改全家都改。在台灣，改姓名是許可制，不同於朝鮮的強迫制。也就是，想改姓名者必須提出申請，符合條件才准許。必要的兩大條件是：一、該家庭必須是「國語常用家庭」，二、須具有皇國民之質素。台灣人起初對改姓名不熱衷，但在壓力與勸誘下，加上條件放寬，人數逐漸增多。由於資料不全，我們目前無法知道改姓名的人數。不過，到了戰爭後期，使用日式姓名的人數大增，他們當中許多人似乎並未透過戶籍更改方式改姓名。例如，今天尚健在的台籍日本兵，幾乎人人有個日本式姓名，使用於軍中。

宗教改革的最終目標，在於以日本國家神道取代台灣固有的宗教信仰。在做法上，雙管齊下，一方面提倡日本神道，一方面壓抑民間宗教。在皇民化時

**10.4 正廳改善實地指導** 來源：陳華宗 1931

期，台灣的神社數目急遽增加，台灣一半以上的神社是在這段時間興建的。在日常生活中，殖民當局強制台灣人在家裡奉祀神宮大麻。所謂神宮大麻就是祭祀天照大神的伊勢神宮對外頒布的神符。雖然很多台灣人家庭領到大麻，但眞正祭拜的可能非常少。另外，公家機關也動員台灣人參拜神社。殖民當局壓抑民間宗教最激烈的政策是「寺廟整理」，企圖透過地方寺廟的整理與裁併，達到消滅民間宗教的目的。這個政策雖然因強烈的反對聲浪而中止，但經過這一番「整理」，台灣寺廟齋堂的數目大爲減少。宗教的改革可以說只有表面的優勢，神道信仰在台灣是「船過水無痕」，沒留下什麼影響。社會風俗方面，殖民當局致力於改革民間結婚與喪葬等「陋俗」，鼓勵台灣人採取日本式儀式。例如，所謂的「神前結婚」就是神道婚禮。可惜這方面的研究不多，還無法細論。

　　志願兵制度關係到我們對台籍日本兵的了解。台灣作爲日本的殖民地，原先並無服兵役的義務，所以在台灣的出征送行場面，送的都是日本人。盧溝橋事變後，軍夫、「軍屬」相繼出征，他們也在被送行的行列裡。一九三八年朝鮮實施「陸軍特別志願兵制度」，是一種擴充兵源的權宜辦法，由當事人申請，經過檢查、篩選等程序入營訓練，練成編入軍隊。「志願」在日語兼有申請與自願兩意。朝鮮實施志願兵制度後，台灣各界人士都認爲在台灣實施只是時間

問題。果然，一九四一年台灣總督與台灣軍司令發表共同聲明，宣布陸軍志願兵制度將於次年在台灣實施。當時社會上有許多慶祝、感激實施志願兵制度的活動。在諸多因素的組合下，出現了台灣青年自願當志願兵的熱潮，甚且流行「血書志願」。這種現象不是很容易了解，如果說台灣青年全是被迫的，不能不說是相當粗糙的說法。

10.5 **血書之一**　來源：竹內清 1940

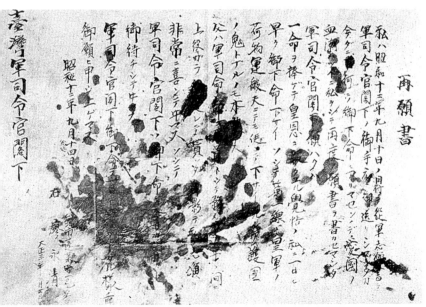

10.6 **血書之二**　來源：竹內清 1940

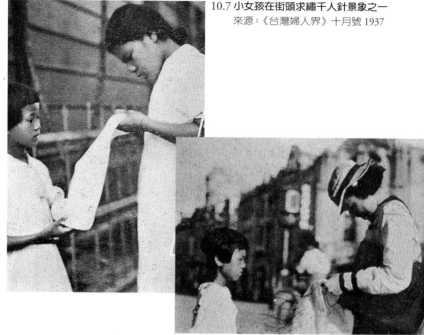

**10.7 小女孩在街頭求繡千人針景象之一**
來源:《台灣婦人界》十月號 1937

**千人針:**

千人針的風俗起源於日本,是為出征軍人祈福的一種方式,在印有樣式的白布上,由一千人每人一針,每針打個節,繡成圖案或文字。千人針通常製成腰帶,供束腹之用。千人針一般由出征軍人的女性家人站在街頭,請路人縫繡而成。原則上一人一針,但有例外,如肖虎者可繡上等於自己歲數的針數。千人針也有繡上一個五錢的銅板,表示跨越「死線」──日語「四錢」與「死線」發音相同。

**10.8 小女孩在街頭求繡千人針景象之二**　來源:《台灣婦人界》十月號 1937

**10.9 台北第二高等女學校製作之千人針**
來源:《台灣婦人界》十月號 1937

10.10 北港郡北港女子青年團青年劇「千人針」 來源：《親民》第三卷第一號 1938

10.11 「好孩子」──戰爭下的兒童 來源：《台灣警察時報》第317期 1942

　　第一回陸軍志願兵的募集，有四十二萬餘名的申請者，從中錄取一千餘人，分前後兩期，分別進入位於台北市郊六張犁的「陸軍志願者訓練所」，接受半年的軍事訓練，結業後分發到軍隊服役。次年舉行第二回募集，但同年又實施海軍志願兵制度。陸、海軍志願兵可以說是募兵制。台灣在一九四五年一月實施全面徵兵制度，所有役齡男子，除非體檢不合格，都必須當兵。但當年八月十五日日本戰敗投降，結束在台灣的統治與軍事動員。在這最後的八年，台灣總共有二十萬七千一百八十三人參與日本的戰爭，其中軍人八萬零四百三十三人，「軍屬」十二萬六千七百五十人。全部死亡人數共三萬三百零四人。軍人以徵兵入伍為大宗，陸軍志願兵才五千餘名，海軍志願兵約一萬一千餘名。一九四四年，三百名第二期海軍志願兵搭乘「護國號」巡洋艦，赴日進修，途中為美軍潛水艇擊沈，二百一十二人葬身海底，僅八十八人生還。

　　在台籍日本兵的經驗中，最特別的也許是「到南洋做兵」吧。南洋約等於今天的東南亞，但台灣人所到之處遠遠超過東南亞地區。現在屬於巴布亞新幾內亞的拉寶爾，與西南太平洋的索羅門群島，都有台籍日本兵的足跡。屬於中國，但風土近於南洋的海南島，有數以千計的台灣軍人軍屬。根據統計，在二十萬七千餘名的台灣軍人軍屬中，有六萬一千五百九十

**10.12 捧著同伴之骨灰返鄉的高砂義勇隊**
　　鄧相揚 提供

**10.13 吉野正明繪「特志看護婦**
　　　**（台灣）」**（日本統治末期
　　　「聖戰美術」作品之一例）
　　　來源：《台灣聖戰美術》
　　　1937

一人被派遣到「南方」(廣義的南洋),其中軍人二千四百八十五人,餘爲軍屬。因此,到南洋做兵的以軍屬爲大宗。軍人絕大多數留在本島。

　　台籍日本兵的研究方興未艾,但怎麼去看待他們這段歷史,是個嚴肅的問題。他們在前線出生入死,爲日本打仗。在南洋的台籍日本兵,際遇各異。有些人派遣的地區戰況不甚激烈,遣送返台迅速且平安。有些人所在的戰場,受到盟軍猛烈攻擊,犧牲慘重,走過死蔭的幽谷,存活率近乎「千死一生」。有些人在戰爭時期,境遇尚佳,戰後反而遭殃,如海南島的台灣軍人軍屬們。他們在等待返鄉的漫長過程中,備受磨難,餓死、病死者無數;幸而撐到返鄉的人,也有不少喪生途中。台籍日本兵有他們各自不同的際遇,但那些能活著回來的人,卻被迫承擔共同的命運──抱著一段尷尬的過去與滿腹難言的苦楚,在新社會裡沈默地過活。歷史似乎在嘲弄他們。試想:如果年輕的您爲國出征,在戰場勇敢奮戰,看著同袍一個個死去,然後戰爭突然結束了,您也突然喪失國籍,變成另外一國的國民──而這個新的國家竟然是戰爭時的敵國!您說歷史不是在開您玩笑嗎?

　　所謂「歷史思惟」指一種能儘量擺脫時間積累而來的影響,嘗試回到「歷史的現場」*(locus in quo)* 去了解過去的時空的思考方式。台籍日本兵所涉及的諸般

**10.14 一張由南洋寄回台灣的明信片**
說明：明信片下方係受照顧之傷兵手繪的台灣護士吃香蕉圖。
張月華 提供

10.15 **大東亞從軍記〔念〕章** 簡傳枝 提供

問題，需要我們運用高度的歷史思惟去了解。另外，我們也必須明白：近代式的民族國家主義(nationalism)是人類歷史的新興事物，最多只有四百年的歷史，它不是天經地義的，而是可以（也必須）透過學校教育，與政治社會的宣傳，來加以塑造和培養的。想了解戰爭期間台灣年輕一代人的集體心靈，非得了解他們所受的教育不行。但這又是另一個極大的課題，等待我們去探索。

一九四五年八月十五日，戰爭是結束了。台灣人知道日本「降伏」（投降）了，但新的名詞「光復」還沒鑄造（或輸入）。他們到底覺得自己是輸了，還是贏了呢？很可能兩者都不是。這個曖昧的情境與日後台灣本地人在認同上的曖昧或許有關。「光復」究實而言，是道地的漢人觀點。從民族主義的立場來說，漢人回歸漢人政權，「光復」當然講得過去。但對土著民族而言，「光復」真有意義嗎？無論漢人或土著民族，最後八年的戰爭倒是他們所共同經驗的。而戰爭終於結束了，一個絕大多數人作夢也想像不到的新局面，等著他們去經驗。

**基本參考資料**

蔡錦堂，〈日據時期的台灣宗教政策研究──奉祀「神宮大麻」及發行《神宮曆》〉，收入《第二屆中國政教關係國際學術研討會論文集》（台北：淡江大學，1991），頁313-330。

陳玲蓉，《日據時期神道統制下的台灣宗教政策》（台北：自立晚報文化出版部，1992）。

周婉窈，〈從比較的觀點看台灣與韓國的皇民化運動（一九三七～一九四五）〉，《新史學》第五卷第二期（1994年6月）頁117-156。

周婉窈，〈日本在台軍事動員與台灣人的海外參戰經驗〉，《台灣史研究》第二卷第一期（1995年6月），頁85-126。

周婉窈編，《台籍日本兵座談會記錄并相關資料》（台北：中央研究院台灣史研究所籌備處，1997）。

# 圖片來源書目

台中市役所，《台中市概況》。台中：台中市役所，1932。

台北市役所，《台北市政二十年史》。台北：台北市役所，1940。

台北州，《台北州要覽》。台北：台北州，1940。

台北第三高等女學校，《創立滿三十年記念誌》。台北：台北第三高等
　　女學校，1933。

台南州自治協會共榮會，《親民》，第3卷第1號。1938年1月。

台灣地方自治協會，《台灣地方行政》，第3卷10月號。1937年10月。

台灣軍司令部編，《昭和九年台灣軍特種演習寫真帖》。台北：台灣軍
　　司令部，1934。

台灣時報發行所，《台灣時報》，第94號。1927年9月。

台灣婦人社，《台灣婦人界》，10月號。1937年11月。

台灣教育會，《台灣教育》，第431號。1938年6月。

台灣製糖株式會社，《創立十五週年記念寫真帖》。東京：台灣製糖株
　　式會社，1915。

台灣銀行，《台灣銀行二十年誌》。東京：台灣銀行，1919。

台灣總督府，《台灣統計要覽（大正二年）》。台北：台灣總督府，
　　1915。

台灣總督府，《第六回台府展圖錄》。台北：台灣總督府，1944。

台灣總督府內務局，《史蹟調查報告第一輯──北白川宮能久親王御遺
　　跡》。台北：台灣總督府內務局，1935。

台灣總督府官房文書課，《台灣寫真帖》。台北：台灣總督府官房文書
　　課，1908。

台灣總督府法務部，《台灣匪亂小史》。台北：台灣總督府法務部，
　　1920。

台灣警察時報，《台灣警察時報》，第317號。1942年4月。

仲摩照久編，《日本地理風俗大系》。東京：新光社，1931。

名倉喜作編，《台灣銀行四十年誌》。東京：台灣銀行，1939。

安藤元節編，《台灣大觀》。東京：日本合同通信社，1932。

竹內清，《事變と台灣人》。東京：日滿新興文化協會，1940。

佐藤政藏編，《第一、第二霧社事件誌》。台中：實業時代社中部支社
　　出版部，1931。

春帆樓，《割烹旅館下關春帆樓》。下關：春帆樓。

高雄神社造營奉贊會，《高雄神社造營誌》。高雄：高雄神社造營奉贊
　　會，1930。

許佩賢譯，《攻台見聞》。台北：遠流出版公司，1995。

陳華宗，《學甲庄皇民化運動》。台南：學甲庄役場，1939。

創元美術協會編，《台灣聖戰美術》。台北：創元美術協會，1941。

辜顯榮翁傳記編纂會，《辜顯榮翁傳》。台北：辜顯榮翁傳記編纂會，
　　1939。

新竹州時報發行委員會，《新竹州時報》，創刊號。1937年。

鄧相揚，《霧社事件初探》。南投：向陽博物館，1990。

篠田治築，《台灣を視る》。東京：樂浪書院，1935年。

臨時臺灣舊慣調查會，《台灣蕃族圖譜》，第2卷。臨時臺灣舊慣調查
　　會，1918年。

臨時臺灣舊慣調查會，《蕃族調查報告書》，第4冊。臨時臺灣舊慣調
　　查會，1917年。

鷲巢敦哉編，《台灣保甲皇民化讀本》。台北：台灣警察協會，1941年。

Band, Edward. *Barclay of Formosa.* Christian Literature Society, Ginza, Tokyo,
　　1936; Taipei: Ch'eng Wen Publishing, Co., reprinted, 1972.

Braithwaite, George, trans. *Japanese Rule in Formosa.* Longmans: Green & Co.,
　　1907.

Davidson, James W. *The Island of Formosa: Past and Present.* London and New
　　York: Macmillan & Co. Press, 1903.

Goldfchmidt, Richard. *Neu-Japan.* Berlin Verlag: Von Julius Springer, 1927.

國家圖書館出版品預行編目資料

台灣歷史圖說（史前至一九四五年）/
周婉窈著 . --二版 . --臺北市：聯經，1998年
面；　公分 .　　參考書目：　面
ISBN　957-08-1839-5(平裝)
〔民87年9月二版〕

I . 台灣－歷史

673.22　　　　　　　　　　　　　　　　87010084

## 台灣歷史圖說（史前至一九四五年）

1997年10月初版　　　　　　　　　　　　定價：新臺幣350元
1998年9月二版
有著作權・翻印必究
Printed in Taiwan.

著　　者　周　　婉　　窈
執行編輯　鄭　　天　　凱
發行人　劉　　國　　瑞

本書如有缺頁，破損，倒裝請寄回發行所更換。

出版者　聯經出版事業公司
臺北市忠孝東路四段555號
電　　話：23620308・27627429
發行所：台北縣汐止鎮大同路一段367號
發行電話：2 6 4 1 8 6 6 1
郵政劃撥帳戶第0100559-3號
郵撥電話：2 6 4 1 8 6 6 2
印　刷　者　秋雨印刷股份有限公司

行政院新聞局出版事業登記證局版臺業字第0130號

ISBN　957-08-1839-5（平裝）